COURRIER FRANÇAIS.

PROCÈS DE TENDANCE.

RÉQUISITOIRE

ET

ARTICLES INCULPÉS.

A PARIS.

1823.

RÉQUISITOIRE

DE M. BELLART,

Procureur-Général près la Cour Royale de Paris,

Du 24 Mars 1823,

Contre les Journaux le Courrier Français *et le* Pilote.

PARTIE

CONCERNANT

LE COURRIER FRANÇAIS,

SUIVIE DES ARTICLES INCULPÉS.

PARIS,

DE L'IMPRIMERIE D'ÉVERAT, RUE DU CADRAN, N° 16.

1823.

Le seul moyen de juger si le *Courrier Français* mérite les inculpations contenues dans le réquisitoire de M. le Procureur-général Bellart, est de rapprocher textuellement les articles inculpés des passages qui les incriminent. Tel est l'objet de cette publication.

Lorsque le réquisitoire n'inculpe que des portions d'articles, on ne s'est pas borné à imprimer ces fragmens; on a rapporté les articles en entier, afin que le lecteur puisse saisir le sens des passages incriminés, et en apprécier la culpabilité.

COUR ROYALE DE PARIS.

RÉQUISITOIRE.

A M. le Pair de France, Conseiller-d'État, premier Président de la Cour Royale de Paris.

Le conseiller-d'état, procureur-général du Roi près ladite cour,
A l'honneur d'exposer ce qui suit:

L'opposition et la liberté de la presse sont certainement de la nature du gouvernement représentatif.

L'une et l'autre sont même conservatrices, lorsqu'elles sont de bonne foi, puisqu'elles maintiennent le principe du gouvernement en empêchant le pouvoir de corrompre ses voies et de détruire l'équilibre.

Mais pour qu'elles remplissent cette grande et utile destination, il faut que cette condition essentielle de la bonne foi soit religieusement remplie.

En effet, une opposition noble et généreuse qui, pénétrée d'un respect égal pour toutes nos institutions, défend tour-à-tour et avec un zèle pareil, les intérêts des peuples et les droits du Trône, avertit sujets et gouvernement de leurs devoirs reciproques, prêche à tous l'observation des lois mutuellement consenties; qui ne s'embarrassant ni de faveur ni de popularité, veille, avec le même soin, sur la fortune publique pour qu'elle ne soit pas dilapidée, sur les besoins et la dignité de chaque service, pour qu'il ne soit pas compromis; qui montre la vérité en tout et à tous; qui résiste au despotisme comme à l'anarchie, à l'anarchie comme au despotisme; qui veut sincèrement le pacte social, mais tout le pacte social, le pacte social de son pays et non pas de ses voisins, le pacte social, en tant qu'il consacre la légitimité non moins qu'en tant qu'il fonde nos libertés publiques; qui, enfin, résiste avec fermeté, en même tems qu'avec décence, sans acception de personnes, sans desseins secrets d'ambition privée, sans autre but que le bien général, à tout empiètement d'un pouvoir sur l'autre, peut rendre de grands services : dans tous les cas, c'est de la vertu publique.

Il en faut dire autant de la liberté de la presse, auxiliaire naturelle de l'opposition. Tant que la liberté de la presse se renferme dans les termes de saine politique et de sagesse, qu'elle avertit sans soulever,

I..

qu'elle éclaire et n'incendie pas , non-seulement elle a droit à la protection des lois, elle en a plus encore à la reconnaissance de tous les
citoyens.

Mais dans les établissemens humains , toujours le mal est à côté
du bien. Ainsi , l'opposition et la liberté de la presse , si fécondes en
bon résultats si elles restent dans les limites de la bonne foi, peuvent
produire les plus grand maux et aller jusqu'à renverser la société de
fond en comble, lorsque les passions s'en emparent pour en dénaturer les principes , la marche et le but.

Beaucoup d'ambitieux, de mécontens, peut-être de suppôts de l'é-
tranger , se déguisent en défenseurs des droits du peuple , pour égarer le peuple et le précipiter, s'ils le peuvent, vers sa ruine. Pour ces
ennemis de leur pays, l'opposition et la liberté de la presse ne sont
que des voiles et des moyens. La conspiration contre les institutions qu'ils feignent de défendre , et la conflagration universelle de
la société, sont les réalités et le but. Le vulgaire, qui se paie de mots
et d'apparences , peut s'y tromper. Les hommes qui savent voir et juger , les reconnaissent facilement à certains symptômes.

Le premier et le plus frappant de tous , est le dénigrement absolu,
disons même l'empoisonnement systématique de tout ce que fait le
Gouvernement, sans exception.

Un gouvernement qui aurait toujours raison est impossible. Dieu
seul fait toujours bien.

Un gouvernement qui aurait toujours tort , non plus n'a jamais
existé nulle part.

Lors donc que l'opposition et la liberté de la presse se mettent en insurrection perpétuelle contre les actes, contre tous les actes de la puissance publique, qu'ils accusent sans relâche et sans exception, magistrats, administrateurs, fonctionnaires, tous les agens de l'autorité, leurs
jugemens, leurs mesures et souvent jusqu'aux lois elles-mêmes, contre
lesquelles elles ne craignent pas de blasphémer; lorsqu'elles les discrédi-
tent avec fureur dans l'esprit des peuples; lorsqu'elles applaudissent à
tous les troubles, se font les protectrices de tous les hommes de désordre, excusent les conspirations et honorent les conspirateurs, cherchent
à rendre ceux-ci intéressans, leur prodiguent une hypocrite pitié ;
les peignent, tantôt comme les victimes des impostures d'un Gouvernement persécuteur, tantôt comme des hommes égarés, plus
dignes de compassion que de colère, demandent pour eux, sinon des
couronnes, du moins des honneurs funéraires; s'indignent de ce
qu'on ne traite pas les coupables politiques avec faveur et presqu'a-
vec respect; s'indignent contre les hommes fidèles qui révèlent les
complots, et les flétrissent par d'ignominieuses dénominations; poursuivent par des outrages les témoins coupables du crime énorme de
ne pas assister les conjurés dans leurs manœuvres, et de venir dire la
vérité à la justice; accusent les magistrats et les jurés de cruauté , leur

prodiguent les injures, souvent même les menaces ; bouleversent enfin toutes les doctrines consacrées depuis le commencement des sociétés, pour appeler l'honneur crime et le crime vertu. Il n'y a plus
bonne foi, il n'y a plus opposition: il y a sédition; il n'y a plus liberté
de la presse, il y a licence.

Les lois ont-elles dû souffrir cette licence, et est-il de l'essence du
gouvernement représentatif que cette licence ne soit pas réprimée ?
C'est, en d'autres termes, demander s'il est de l'essence du gouvernement représentatif d'être détruit; car nul gouvernement représentatif ou autre, monarchique ou républicain, ne saurait résister à
un si énergique moyen de dissolution.

La sévère répression des abus de la presse est donc la conséquence obligée de son existence. Elle l'est pour toute nature d'ouvrage ; car les ouvrages de toute nature peuvent mettre en combus-
tion la société. Elle l'est à bien plus forte raison pour les journaux,
dont l'action de chaque moment, contemporaine et souvent créa-
trice de tous les tumultes qu'elle peut, ou provoquer, ou du moins,
si elle ne les a pas appelés, exploiter au profit de la rébellion, est un
véritable tocsin perpétuel que nous entendons trop souvent sonner
les haines, les discordes et les troubles de tout genre.

Et si l'on veut savoir jusqu'où peut mener ce puissant moyen de
tromper et d'enflammer les esprits, surtout chez une nation grande,
bonne et généreuse, mais la plus mobile du globe, douée d'une ima-
gination vive, amie des nouveautés, et à laquelle trente années de
fantasmagorie politique ont inoculé le goût et le besoin des agitations et des changemens, nous n'avons qu'à rejeter la vue en arrière
dans notre histoire; nous y voyons Prudhomme, Camille Desmou-
lins, Hébert et Marat. On sait ce qu'ils produisirent; on sait comment leurs infâmes journaux servirent la liberté de la presse et toutes
nos libertés publiques. Leurs héritiers sont à nos portes.

Aussi, pour ce genre d'écrits, en croyant avoir dû n'user d'aucune
mesure préventive, la loi du 17 mars 1822 a-t-elle, non pas seulement pour obéir aux lois de la sagesse, mais pour obéir à celles de la
plus impérieuse des nécessités politiques, établi que lorsque l'esprit
d'un journal ou écrit périodique résultant d'une succession d'articles,
serait de nature à porter atteinte à la paix publique, ce journal
pourra être suspendu une première fois, puis une seconde, puis dé-
finitivement supprimé.

C'est l'application de cette disposition de la loi, que l'exposant
croit devoir solliciter de la justice de la cour royale, deux chambres
réunies en audience solennelle, contre le *Courrier Français* et *le Pilote*, deux journaux qui, entre les autres, ont semblé à l'exposant
poursuivre avec plus d'application l'anti-social dessein de troubler la
paix publique.

On trouble la paix publique :

En semant les haines et la discorde entre les citoyens, en les dé-
nigrant sans cesse les uns devant les autres, en accusant ceux-ci
auprès de ceux-là d'être des ennemis acharnés qui ne respirent que
vengeance, priviléges, résurrection de droit féodaux, et qui, pour
satisfaire leurs passions, ne demandent pas mieux que de ruiner par
des maux de tout genre une classe entière que leur orgueil voudrait
écraser.

On trouble la paix publique en applaudissant à tous les grands
et petits désordres et du dedans et du dehors, en faussant et dé-
naturant la morale politique, en telle sorte que les insurrections militaires organisées pour imposer, par la violence, à un gouvernement
ancien, des institutions nouvelles qui ne peuvent devenir justes et lé-
gitimes, que, comme dans notre heureux pays, par une concession
spontanée qu'a librement délibérée avec elle-même l'autorité souve-
raine, soient qualifiées de conduite constitutionnelle et de juste exercice des droits du peuple; en telle sorte encore qu'on donne ces actes
de tyrannie populaire, exercés sur un roi et sur la masse entière d'une
population asservie, en exemple à toutes les sociétés et à toutes les
populations ; en telle sorte encore qu'on appelle vertueux les rebelles,
et factieux les amis de l'ordre, des lois et de la vraie liberté, qui ne
vit ni d'émeutes, ni de massacres, ni de bouleversemens arbitraires;
en telle sorte enfin, que toutes les imaginations, qu'on poursuit de
ces doctrines trompeuses, se tourmentent de l'idée que la mesure de
liberté dont elles jouissent selon les lois n'est jamais assez grande, et
soient entraînées, pour en conquérir davantage, à des agitations qui
peuvent devenir désastreuses au pays.

On trouble la paix publique, en affirmant de tous les mouvemens
insurrectionnels, qu'ils sont des actes de liberté licite; en les justifiant,
en les louant, en honorant les brouillons qui s'y mêlent, comme des
défenseurs des intérêts les plus sacrés du peuple; en appelant à grands
cris le blâme et la haine contre ceux qui s'y opposent, et en fomen-
tant ainsi les passions et les mauvais desseins des perturbateurs, d'autant plus rassurés sur leurs excès passés, d'autant plus disposés à en
commettre de nouveaux, qu'on leur promet qu'ils ne manqueront
jamais de défenseurs ni d'appuis, d'apologistes ni de patrons.

On trouble la paix publique, en s'appitoyant sur le sort de tous
ceux que la justice poursuit et doit poursuivre; en peignant par un
intolérable déplacement d'idées, les misérables qui ébranlent et
qui ont tenté de renverser la société, comme des êtres intéressans et
sensibles, comme des victimes, et les répresseurs de leurs crimes
comme des hommes durs et impitoyables, comme des bourreaux ;
en préconisant les premiers, en quelque sorte comme des martyrs,
et en donnant ainsi des encouragemens aux imitateurs que, d'avance
et par cette immoral fanatisme, on affranchit du joug le plus énergique qui pût retenir une ame généreuse, savoir la crainte de l'opprobre du crime.

On trouble la paix publique, enfin, en calomniant et empoisonnant tous les actes de la puissance publique et de ses agens, en prétant à tout ce qu'ils font et à tout ce qu'ils disent pour le maintien de l'ordre, des intentions perfides et tyranniques, en versant dans le cœur des citoyens des alarmes perpétuelles et injustes sur leur liberté, sur leurs droits les plus chers, sur leurs propriétés ; en leur donnant contre le gouvernement, dont le premier besoin est d'obtenir leur estime et leur amour, une défiance qui les dispose non-seulement à lui refuser assistance spontanée dans son action, mais encore à résister à ses vues d'utilité générale, de gloire et de sécurité nationale ; en le leur montrant toujours armé contre leurs droits, ne voulant, ne rêvant que leur ruine, et n'adoptant que des mesures qui doivent tout-à-la-fois, et rouvrir la carrière des révolutions et précipiter dans l'abîme les fortunes particulières aussi bien que la fortune publique.

En détaillant ainsi les divers moyens de porter atteinte à la paix publique, l'exposant n'a rien fait autre chose que donner le sommaire des numéros du *Courrier Français* et du *Pilote* qu'il défère à la cour royale.

Il va justifier cette assertion par les citations des diverses feuilles auxquelles s'appliquent ses reproches.

Sous chaque paragraphe, il commencera par le *Courrier Français* et finira par le *Pilote*.

1º *Atteinte à la paix publique par le soin d'entretenir la haine et la discorde entre les citoyens.*

COURRIER FRANÇAIS.

1822. Nº 121. 1ᵉʳ mai. Page 2, 1ʳᵉ et 2ᵉ colonnes (1) : long article commençant par ces mots : *Avant que le ministère*, et finissant par ceux-ci : *la minorité et l'opposition;* et contenant, à propos d'une critique souvent juste de quelques théories de M. de Montlosier, la fort injuste imputation faite *aux émigrés et fanfarons de royalisme*, à ceux enfin qu'on désigne comme les amis de M. de Montlosier, *qui ont conquis le ministère*, de vouloir la contre-révolution.

1822. Nº 314. 10 novembre. Page 2, 1ʳᵉ et 2ᵉ colonnes (2), article commençant par ces mots : *Un poste qui avec la guerre*, et finissant par ceux-ci : *fait fermenter les élémens de la guerre :* où l'on accuse les hommes « *à qui le nouveau système électoral donne la prépondérance,*
» de vouloir *par-dessus tout et à tout prix le triomphe complet et géné-*
» *ral de l'aristocratie*, et de ne pas trouver le sort des capitalistes, des
» rentiers, des commerçans, des manufacturiers, des laboureurs,
» c'est-à-dire des nations entières, *digne* d'entrer en balance avec les
» intérêts de l'aristocratie. »

1822. Nº 339. 5 décembre. Page 2, 2ᵉ colonne (3), un article commençant par ces mots : *Il se formera*, et finissant par ceux-ci : *jusqu'au dernier vestige des libertés publiques ;* où l'on prédit l'établissement de clubs royalistes composés *de tous gentillâtres qui ne sont pas encore pourvus ;* qui déplaceront tout le monde pour se placer eux-mêmes, et qui ne s'arrêteront pas *qu'ils n'aient fait disparaître jusqu'au dernier vestige des libertés publiques.*

1822. N° 349. 15 décembre. Page 2, 2ᵉ colonne, page 3, 1ʳᵉ et 2ᵉ colonnes (4), un article commençant par ces mots : *Les journaux sont à la paix,* et finissant par ceux-ci : *et les déclamations du Drapeau Blanc,* où, pour aigrir le peuple contre les royalistes, on prête à ceux-ci l'odieux sentiment de vouloir la guerre, *parce qu'il leur faut de la chair à canon,* et parce que *c'est le peuple* qui fournit *cette matière première,* et parce que cent ou deux cent mille *vilains* de plus ou de moins sont de peu d'importance. Comme si ce sentiment cruel et au reste bien dénué de tout motif existait nulle part ; comme s'il y avait une seule ame française qui pût les concevoir, et comme si d'ailleurs à l'armée et dans les batailles, toutes les classes de la société plus ou moins élevées, n'avaient pas leurs représentans, leurs enfans et leurs frères.

1823. N° 1ᵉʳ. 1ᵉʳ janvier. Page 2, 1ʳᵉ et 2ᵉ colonnes (5), article commençant par ces mots : « *Au moment où l'armée,* et finissant par ceux-ci : « *libéral ou rien.* »

1823. N° 24. 24 janvier. Page 4, 1ʳᵉ colonne (6), article commençant par ces mots : « *La sympathie qui existe,* et finissant par ceux-ci : *les devoirs que leur impose la seconde.* »

1823. N° 25. 25 janvier. Page 2, 2ᵉ colonne (7), article commençant par ces mots : « *Sous le ciel serein de la paix ;* et finissant par ceux-ci : » *présens à l'Europe.* »

1823. N° 43. 12 février. Page 2, 2ᵉ colonne (8), article commençant par ces mots : « *Que de maux,* et finissant par ceux-ci : *lord Liverpool.* »

1823. N° 49. 18 février. Page 3, 1ʳᵉ colonne (9), article commençant par ces mots : « *La situation,* et finissant, à la 2ᵉ colonne, par ceux-ci : *d'un bon citoyen.* »

Où l'on répète jusqu'à satiété :

« *Qu'un parti envahit le pouvoir*...... qu'il occupe *exclusivement* » l'administration..... que le système est à présent *aristocratique*...
» que l'Université est soumise à l'influence *sacerdotale*....

» Que la guerre d'Espagne est due aux émigrés..... que c'est » une guerre de *reconnaissance ;*

» Que le parti aristocratique ne s'embarrasse en rien des malheurs de » la guerre ; que pour ce parti, la dépréciation des fortunes créées par » le travail est peut-être un *sujet de joie ;* que les majorats, les subs-» titutions, les *seigneuries* sont le fond de son code ; qu'elle borne » *le Monde* à trois élémens, des seigneurs, des curés et des paysans.

» Que cette guerre doit s'appeler la guerre de l'aristocratie.

» Que le parti qui se dit royaliste et qui n'est que *contre-révolu—*

» *tionnaire*, domine partout, dans les conseils du Roi, dans les
» chambres, dans l'administration...... que tous ses projets sont dé-
» voilés.... qu'il veut écraser les supériorités individuelles, au profit
» des supériorités sociales que 1789 a fait disparaître. »

Toutes imputations perfides ayant pour objet de bien pénétrer les classes inférieures de l'idée révoltante que les classes supérieures les haïssent, les méprisent, comptent leur fortune pour rien, aiment à faire couler leur sang et sacrifient à une haine inextinguible et à une ambition désordonnée, les intérêts de la grande majorité de la France ; toutes imputations bien propres assurément à exaspérer les citoyens les uns contre les autres.

Ce sentiment, ce but odieux se trouvent encore dans une anecdote, très-probablement inventée à plaisir, et bien malignement racontée dans la feuille du même journal du 2 mars 1823 : n° 61 (10), où l'on rapporte qu'un *marquis* a refusé d'acquitter une traite tirée sur lui par son fils, disant « *qu'il a trop de mépris pour le commerce* pour acquitter jamais *une lettre de change.* » Réponse qui n'est probablement pas vraie, ce qui dans tous les cas serait la sottise d'un seul individu, mais dont le journaliste fait un point de doctrine commune à tous les nobles, par ce préambule : « *Il est des faits qui parlent plus haut* » *que toute les réflexions. Nous nous bornerons donc* POUR L'INSTRUCTION » DE MM. LES NÉGOCIANS, à rapporter *sans commentaire* le trait » *suivant.* L'intention du journaliste est assez claire, elle n'est autre que d'enseigner aux négocians qu'ils sont l'objet du mépris des nobles, qu'ils doivent regarder les nobles comme leurs ennemis. Si l'intention est claire, les conséquences ne le sont pas moins, ce sont la haine et la discorde entre les citoyens.

2° Atteinte à la paix publique par l'encouragement donné à tous les désordres, soit du dehors, soit du dedans, qu'on peint comme des actes de liberté licite.

COURRIER FRANÇAIS.

1822. N° 196, 15 juillet. 1re page, 2e colonne, et 2e page, 1re et 2e colonnes (11), commençant par ces mots : « *Ecrivains contre-révolutionnaires* », et finissant par ceux-ci : « *la postérité vous attend.* »

1822. N° 199, 18 juillet, 1re page, 1re et 2e colonnes (12), article commençant par « *Le Courrier Français* », et finissant par ces mots : « *et de nos vengeances.* »

1822. N° 225, 13 août (13), un article commençant ainsi : (page 2, colonnes 1 et 2) « *Un journal* », et finissant : « *de la victoire.* »

1822. N° 265, 22 septembre, 3e page, 2e colonne (14), article commençant : « *L'auteur commence* ». et finissant par « *l'indépendance.* »

1822. N° 352, 18 décembre, page 2, 1re colonne (15), article commençant par ces mots : « *Nous avons donné des nouvelles de Madrid* », finissant par ceux-ci : « *bienfaisantes de la liberté.* »

1822. N° 356 , 22 décembre , 2ᵉ page , 1ʳᵉ colonne (16) , article commençant: *«La plus parfaite tranquillité»*, finissant *«guerre étrangère.»*

1823 , N° 20, 20 janvier , 2ᵉ page , 1ʳᵉ et 2ᵉ colonnes (17) , article commençant : « *C'est un beau spectacle* » , finissant « *liberté de l'Europe.* »

1823. N° 21 , 21 janvier , page 2 , 1ʳᵉ et 2ᵉ colonnes (18) , article commençant : « *La Quotidienne* » , finissant « *de leur pays.* »

1823. N° 33 , 2 février , page 2 , colonne 1ʳᵉ (19) , article commençant: *Le bruit s'est répandu* » , finissant « *expédié.* »

1823. N° 35 , 4 février , page 2 , colonne 2ᵉ (20) , article commençant: « *Indépendamment* , » finissant « *postérieurs au 26.* »

1823. N° 36 , 5 février , page 2 , 1ʳᵉ colonne (21) , article commençant : « *Pendant les jours* , » finissant » *de s'échapper.* » Et 2ᵉ colone , article commençant : « *Les bruits répandus* , » finissant « *de la capitale.* »

1823. N° 43 , 12 février , page 2 , 1ʳᵉ colonne (22) , article commençant: « 3° *Que l'Espagne* » , et finissant à « *l'améliorer.* »

1823. N° 61 , 2 mars , 1ʳᵉ page , 1ʳᵉ colonne (23) , article commençant ainsi : « *Dès que la nouvelle* » et finissant de cette manière » *dans l'abîme.* »

Il n'y a pas un seul de ces articles qui ne respire le plus mauvais esprit.

Tous ils sont consacrés à sanctifier ce qui s'est passé en Espagne.

Quelques soldats se sont révoltés contre leur roi.

Forts de la terreur qu'ils ont su répandre et sur leur passage et jusque dans le palais de leur infortuné monarque , ils sont venus lui apporter au bout de leurs bayonnettes une constitution qu'ils lui ont ordonné de sanctionner.

Le premier fruit de cette liberté donnée , dit-on , à tous, a été de le retenir prisonnier dans sa propre maison dont il ne lui a plus été permis de sortir sans le consentement des rebelles.

Quelques sujets fidèles ont voulu résister à cette usurpation, ils ont été poursuivis, incarcérés , et quelques-uns mis à mort.

Moqué, insulté publiquement , publiquement assailli de menaces et de chants de mort, Ferdinand a vainement réclamé d'une assemblée usurpatrice le respect dû à la royauté. On a pour ainsi dire ri de ses plaintes.

Sa garde fidèle, dont à la fin s'est épuisée la longanimité, est venue au secours de son prince. Elle a été repoussée par une populace effrenée , dissoute, maltraitée, quelques-uns égorgés , d'autres emprisonnés et traduits en jugement pour avoir tenu à leur serment.

Telle est enfin la déplorable condition de cet auguste prisonnier, que , royalistes et révolutionnaires , tous s'accordent à dire que ses jours sont en danger , quoique tous ne s'accordent pas sur la nature des causes qui l'ont réduit à ce point.

Tel est l'état des choses ; l'Europe entière le sait et l'atteste.

Il n'est pas un seul homme de bon sens ni de bonne foi , quelle que soit son opinion , qui puisse le nier.

Au milieu de circonstances pareilles , quel est l'intérêt commun des sociétés qui veulent conserver la paix chez elles, et ne pas rouvrir la carrière des révolutions dévorantes?

C'est de cultiver dans leur sein l'horreur pour une telle conduite qui menace tous les pays où elle éclate, de longues agitations et de plus longs malheurs.

Ce n'est pas là ce que fait le *Courrier.*

Loin de là , son esprit soutenu est d'honorer la rebellion et les rebelles et de flétrir la soumission aux rois et les sujets fidèles.

Dans tous les numéros cités , on y voit une apologie perpétuelle du crime et une amère censure de la loyauté.

Le n° 196 appelle l'insurrection d'une poignée de bandits en révolte contre l'intérêt de tous , *la liberté espagnole;* il somme Ferdinand *d'accepter de bonne foi* le pacte qui fonde les libertés de l'Espagne et de faire *asseoir la liberté* près de lui. Le trône violé , il l'appelle le *trône constitutionnel.* Les serviteurs loyaux qui appellent à eux tous les vrais Espagnols pour rétablir l'ordre, le journaliste les appelle des *contre-révolutionnaires qui rêvent des émeutes.* Le Roi *doit* protéger *les institutions* nouvelles , c'est-à-dire les actes de rébellion. Il n'est pas prisonnier : « *Il est placé sans résistance sous l'œil vigilant d'une liberté néccessairement inquiète.*»

Peut-on insulter à la vérité avec plus d'impudeur; et dénaturer toutes les saines idées à ce point ? N'est-ce pas tromper tous les esprits , agiter toutes les têtes , et provoquer à la sédition.

Dans le n° 199 , c'est la même doctrine. Les rebelles ce sont les *royalistes.* C'est la généreuse Péninsule. Ceux qui s'opposent à la révolte sont des *contre-révolutionnaires.* La municipalité de Madrid arrive à ce point de cruauté , de défendre sous peine de mort de cacher un des gardes royaux qui ont défendu le trône. Ce n'est qu'un acte *sévère.* Et comment oser le blâmer?

Dans le n° 225 , on s'extasie devant *l'admirable magnanimité du peuple espagnol,* si calme, si modéré *dans la victoire* (sur les gardes royaux), si plein *de respect pour la constitution ,* qui déclare la personne du monarque inviolable et sacrée (apparemment parce qu'il n'a pas égorgé à la suite de sa victoire son royal captif!)

Le n° 265 cite avec éloge l'avis du publiciste espagnol Marina, qui, à l'instar d'un autre publiciste français, érige en maxime que l'insurrection est le plus saint des devoirs , et que quand le chef n'accomplit pas les conventions stipulées , on a le *droit de se séparer de lui et de recouvrer son indépendance.*

Le n° 352 offre une apologie non moins énergique de la sédition , et une prodigalité pareille d'épithètes à contre sens. *Générosité héroïque* des Espagnols rebelles passionnés *pour tout ce qui est grand et bçau...* Les *factieux*, les *ambitieux* qui s'opposent aux desseins des constitutionnels leur font une guerre *impie et sacrilége*..... La cause des peuples n'est pas *la moins sainte de toutes*..... La *sagesse* du gouvernement espagnol est un sûr garant qu'il n'abandonnera jamais les intérêts du peuple.

Doctrine pareille dans les numéros 356 (1822) et dans les numéros 33, 34, 35 et 61 (1823.) Il n'est question que de *bandes*, de *rebelles*, de *factieux*, pour désigner ceux qui veulent au prix de tout leur sang sauver leur roi et la monarchie. Les *constitutionnels*, *les bons citoyens* sont ceux qui l'emprisonnent et qui menacent de l'égorger ; ce sont ceux-ci qui ont un *patriotisme à toute épreuve* ; qui sont couverts de *gloire*, qui excitent *un enthousiasme universel* ; eux seuls ils ont *une valeur héroïque*. Leur conduite est toujours *sage*, même quand ils se portent aux portes du palais pour arracher au roi, par la terreur, le rétablissement d'un ministère dont il ne veut plus. On va bien même dans ce cas jusqu'à vanter sa *docilité*. « *C'est un beau spectacle*, dit le journaliste dans le nº 20 (1823), que celui dont l'Espagne frappe aujourd'hui les yeux de l'Europe ! Le calme et *la dignité* de son attitude, *l'unanimité* de son patriotisme, sa vertueuse indignation.... Ce sont les grands sentimens qui font les grands hommes... La fierté castillanne ne veut pas plus de lois que de *souverains* imposés par l'étranger...... La liberté, triomphera*. Nous appelons ce triomphe de tous nos vœux, parce que la liberté de l'Espagne est nécessaire à la liberté de l'Europe.

Cet enthousiasme du journaliste, se soutient dans le nº 21 (1823), » Nous désirons ardemment, s'écrie-t-il, que *le peuple espagnol* triom- » phe, parce que sa cause est celle de la liberté européenne, de la civi- » lisation et de l'humanité. » Et contre qui ce libéral fanatique, dé- sire-t-il que le peuple espagnol triomphe ? quel autre peuple est en guerre avec lui ? Pour qui, contre qui est il formé ce vœu impie !

Dans le nº 43 (1823), on établit en dogme politique que l'Espagne a droit de se donner une constitution ; ce qui est vrai certainement, si cela s'entend de l'accord du Monarque et des sujets ; ce qui est faux au contraire, lorsqu'il s'agit d'une constitution imposée par la révolte. Et ce que la révolte a imposé, le publiciste du *Courrier* nie que Ferdinand puisse le renverser par les armes. Ainsi la violence est sacrée quand elle est dirigée contre les rois : elle est un crime quand elle résiste à la rébellion. Voilà le code des révolutionnaires.

Au mois de mars 1822, des troubles ont eu lieu dans les écoles de Toulouse. L'autorité disciplinaire prend des mesures contre ces désordres. Un arrêté du préfet, motivé sur les scènes scandaleuses qui ont eu lieu au théâtre, sur les vœux coupables qui y ont été exprimés, sur les cris provocateurs qui y ont été poussés, sans qu'on en ait pu reconnaître les auteurs, ordonne la clôture du théâtre. Tout ami de la paix eût applaudi à ces dispositions modérées, ou du moins eût gardé le silence. Le *Courrier* parle, et il parle pour blâmer le préfet. Le préfet a empiété, dit-il, sur l'autorité judiciaire. *Voyez* n°ˢ 98 et 99, année 1822, 8 et 9 avril, page 1, 1ʳᵉ colonne, et page 2, 1ʳᵉ et 2ᵉ colonnes) 24), article commençant par ces mots: *Un journal auquel*, et finissant par ceux-ci : *pas renouvelées.*

Le 3 juin 1822, une troupe de 3 à 4,000 jeunes gens se rassemblent à Paris, sous le prétexte de faire célébrer un service pour le malheureux jeune Lallemand qui avait perdu la vie dans les rassemblemens séditieux provoqués par les libéraux en juin 1820. On est obligé de dissiper par la force cet attroupement qui s'était porté d'abord à Saint-Eustache, puis au cimetière du Père-Lachaise, puis sur plusieurs points de Paris. Des violences ont eu lieu de la part de ces jeunes gens, dont les intentions assurément ne pouvaient ni être douteuses pour aucun véritable ami de l'ordre, ni être approuvées par lui. Deux feuilles du *Courrier* de 1822, celles des 4 et 5 juin sous les n°ˢ 154 et 155, aux articles commençant dans la feuille du 4, page 2, colonne 2ᵉ (25), par ces mots : *Aujourd'hui 3 juin*, et finissant page 3, colonne 1ʳᵉ, par ceux-ci : *A les dénaturer;* et dans la feuille du 5, page 3, 1ʳᵉ colonne (26), commençant : *Quelques journaux ;* et finissant, même page, 2ᵉ colonne : *Les arrêtant eux-mêmes*, font comme de raison l'éloge du rassemblement. *C'était une pieuse cérémonie.* La troupe de 3 à 4000 jeunes gens défilait *avec le plus grand ordre....* C'était un vrai chagrin de cœur, de voir des sentimens *pieux* et *doux* frappés *sans pitié* dans une noble jeunesse, etc.

Dans le même mois, à Nantes, lors du procès des prévenus de conspiration et le jour de leur acquittement, des attroupemens tumultuaires et malveillans ont lieu. Il faut employer la force armée pour les réprimer. La feuille du *Courrier*, du 22 juin 1822, n° 173, parle de ces attroupemens, page 4, 1ʳᵉ colonne (27), dans un article commençant par : *L'autorité* et finissant par : *A son domicile;* mais c'est pour faire une narration telle que l'attroupement avait raison et la force publique tort.

A Aix, en août de la même année, les duels se multiplient parmi les élèves des hauts cours, en telle sorte que l'autorité du conseil académique est obligée d'intervenir pour tâcher de refroidir, par la crainte des peines de discipline, l'humeur duelliste de ces jeunes perturbateurs. Tout honnête père de famille eût remercié le conseil académique. La feuille du *Courrier*, du 10 août, n° 222, page 2, 2ᵉ colonne (28), dans un article commençant ainsi : *Par un arrêté*, et finissant ainsi : *Celle de leur profession*, blâme au contraire le conseil académique et va bien jusqu'à demander *s'il convient de mettre les jeunes gens dans une exception particulière* (celle de ne pas se tuer en duel), et si ce n'est pas les exposer aux outrages ?

La feuille 1822, n° 259, 16 septembre, page 2, colonnes 1ʳᵉ et 2ᵉ (29) en l'article commençant par : *Depuis quelques jours*, et finissant par : *On ne les brave pas long-temps*, tourne en dérision les arrêts de mort distribués sous le voile de l'anonyme par les carbonari ; et quoique l'existence de ceux-ci, attestée dans vingt procès criminels par les aveux de plus de 3 ou 4 cents témoins, ne puisse être révoquée par aucun homme de bon sens, elle ose les dénier, de peur apparemment que l'effroi ne les prenne et qu'ils ne perdent courage. Elle ose écrire ces propres mots : « La raison publique ne se paie pas de vaines » allégations. Le comité directeur, la haute vente, la vente suprême » et vingt autres mots semblables, etc., ne sont à ses yeux » qu'une espèce d'épouvantail qui ne lui inspire pas la moindre » crainte. » Ainsi, c'est en vain que plusieurs cours d'assises pourraient offrir une multitude de preuves reposant dans leur greffe, sur la trop certaine réalité de ces Sociétés d'assassins, c'est en vain que des malheureux entraînés par elles dans des crimes qu'ils ont expiés sur l'échafaud, ont déposé dans leurs confessions judiciaires et quelques-uns même dans leur testament de mort, la déclaration formelle que ces Sociétés étaient en activité : Le *Courrier* a l'audace de traiter de fables tout ce qui a été dit et démontré ! Est-ce donc pour redoubler dans la société et dans la surveillance des autorités une sécurité dangereuse ? et faudra-t-il attendre de croire à ces meurtrières corporations que nous les voyons déboucher par les carrefours avec leurs poignards, pour aller recommencer les massacres de septembre.

C'est encore avec les poignards que se joue le *Courrier* dans sa feuille du 24 octobre 1822, sous le n° 297, dans un article, 3ᵉ page, 1ʳᵉ et 2ᵉ colonnes (30), commençant par ces mots : *On lit aujourd'hui*, finissant par ceux-ci : *Les expliquer à sa manière*. Une saisie de ces armes des assassins est faite par les bureau des douanes de Sierck. Elles portaient des emblèmes sinistres. Il plait au *Courrier* de s'égayer beaucoup sur ces armes et leurs emblèmes. Rien ne lui paraît plus bouffon ni plus naturel. Il demande en quoi *une lame enjolivée de dessins* est plus dangereuse qu'une lame toute simple. Il faut lire tout l'article pour bien juger l'étrange esprit qui l'a dicté.

Des troubles que tout Paris a connus et qu'ont pu apprécier tous ses habitans, ont forcé l'autorité à fermer les Écoles de médecine. Dans la feuille du 24 novembre dernier, sous le n° 328 (31), en un article de la page 3 commençant : *Le Moniteur avait*, et finissant : *Son avenir*, le *Courrier* rend compte de cet événement. Un bon esprit eût déploré l'imprudence des étudians qui l'avaient provoqué, eût profité de l'occasion pour leur adresser quelques avis salutaires sur leur conduite, sur la nécessité de respecter les maîtres, sur l'importance de ne pas troubler des études scientifiques par de politiques débats. Nullement. Ce n'est pas l'indocilité de la jeunesse qui est blamée. C'est la répression. On ne leur parle pas de leurs devoirs. On les entretient de leurs droits et on les adule. La jeunesse est trop calomniée, dit-on. Elle a des droits à un enseignement. On ne peut

le refuser à la jeunesse qui le demande , etc. Il ne faut pas être surpris si , avec de telles incitations, la jeunesse est détournée de son
bon naturel et de ses bonnes résolutions.

Un jeune duelliste , de 22 ans, meurt dans le combat. Il était de
Rennes. Son curé lui refuse les prières de l'Église. Grand scandale.
Grande solennité dans ses funérailles. Invitation d'y assister, conçue
dans des termes outrageans pour les ministres de la religion. Lorsque la société déplore l'impuissance où se trouve l'autorité publique
d'arriver , par la simple intervention des lois, à la destruction de
ce fléau si funeste, qui a mis en deuil tant d'honorables familles
de toutes les opinions, lorsque la société et les philosophes euxmêmes, quand ils ont un peu d'élévation d'idée , ne peuvent voir
qu'avec une satisfaction vraie, la religion prêter son assistance pour
suppléer à l'inefficacité des moyens ordinaires, par tous ses anathèmes, contre ceux qui , au mépris de ses lois, comme de celles
de la société, vont perdre leur vie et leur âme dans ces combats
sauvages ; comment oser infirmer ces mesures qui s'adressent à la
conscience , pour détourner de l'homicide par les terreurs d'un châtiment éternel , ceux qui n'en sauraient être détournés par les lois.
C'est pourtant ce que fait le *Courrier*, dans sa feuille du 13 février
1823 , n° 44 , où il rapporte , page 3 , colonne 2 (32); article commençant par : *Une lettre de Rennes* , et finissant par : 6 *février* 1823,
avec une complaisance visible, la lettre de reproche aux ministres de
la religion, et le blâme exercé sur des prêtres respectables pour un
refus de prières encore plus social qu'il n'est religieux , par de jeunes
indiscrets qui , encouragés par le *Courrier*, recommenceront peutêtre ce scandale , tandis que s'ils avaient été abandonnés à la droiture
de leur jugement, ils eussent pu finir par sentir que c'est la religion
qui a raison.

Il faut lire aussi dans la feuille du 5 mars 1823, n° 64 , page 2 ,
1re et 2e colonnes (33) , l'article commençant par : *Une lettre de Marseille* , et finissant par : *les habitans de Marseille*, pour se faire une idée
de l'entraînement qu'éprouve son auteur à se ranger toujours du côté
des troubles et des perturbateurs. Cet article contient le récit d'une
rencontre très-indécente à Marseille , le jour des cendres , entre une
procession et une mascarade que l'autorité avait défendue , mais qui
n'en a pas moins eu lieu en partie.

On juge bien encore que c'est la mascarade et non la procession
qui inspire un haut intérêt au narrateur et à la ville de Marseille. Ce
ne seront certainement pas les réflexions du *Courrier* qui empêcheront
les jeunes gens de Marseille de recommencer.

Enfin un dernier fait , plus affligeant encore pour tous les amis de
l'ordre , est celui qui s'est passé au sein d'une des premières autorités
de France , lorsqu'un ordre de son président faisant la police dans la
chambre , a été méconnu par un militaire préposé à l'exécution de

tous les ordres donnés au nom de la chambre. Le *Courrier* s'occupe de ce fait dans sa feuille du 10 mars, n° 69, page première, 2° colonne (34), article commençant : *Les événemens*, et finissant : *Aussi neuves qu'utiles* ; et page 2°, colonne 2, article commençant : *Plusieurs journaux*, et finissant : *D'indignation.*

Il s'en occupe une seconde fois dans la feuille du 13 mars, n° 72, page 2, 1re colonne (35), article commençant : *Mais il s'agit*, et finissant : *Un bourreau.* Mais il s'en occupe, comme on peut le voir, en prêchant la désobéissance aux lois d'une manière si formelle que l'exposant eût pu y trouver l'occasion d'une poursuite spéciale et plus sérieuse s'il n'avait pensé qu'il pouvait également satisfaire à l'intérêt de la répression, en comprenant ce grief au nombre de ceux sur lesquels il s'appuie pour obtenir la suspension du *Courrier.*

3° Atteinte portée à la paix publique, en affectant de chercher à inspirer de l'intérêt pour la personne de tous les brouillons, même des conspirateurs jugés tels, de manière à entretenir le feu de la sédition par l'apologie de tous ceux qui mettent ou veulent mettre la société en péril.

LE COURRIER.

1822, n°s 98 et 99, 8 et 9 avril, page 3, 1re colonne (36), article commençant : *La Quotidienne*, et finissant : *avait connaissance.*

1822. n° 151, 31 mai, page 2, 2° colonne (37), article commençant : *Trois réfugiés*, et finissant : *La ville d'Alençon.*

Le *Courrier* ne se trouve pas assez fort pour incendier la France avec les artisans de révolution qu'elle recèle encore. Tout lui est bon comme auxiliaires. Il appelle en participation du tendre intérêt qu'il accorde à tout ce qui est mauvais, les révolutionnaires des autres pays. Il se fait leur protecteur et leur patron. Trois Piémontais, trop célèbres pour le rôle bien préjudiciable à leur patrie qu'ils ont joué dans la bizarre insurrection dont l'objet fut de donner au Piémont la constitution des cortès, s'étaient réfugiés en France. Ils y prirent de faux noms. Ils finirent par donner des inquiétudes au Gouvernement, qui usa du droit de s'assurer de tous les hommes sans domicile et sans aveu. Grandes doléances du *Courrier.* Eloges et compassion prodigués à ces trois pauvres étrangers qui n'ont rien fait autre chose que mettre le feu dans leur patrie, et que la France a la cruauté de refuser d'adopter et de traiter avec amour comme ses enfans. Dans l'article de la 1re feuille ci-dessus citée, le journaliste s'emporte contre ceux qui appellent la surveillance sur des hommes pareils. Dans l'article de la seconde, il loue hautement *leurs vertus et leurs services.*

On s'attend bien que, si prodigue de tendresse pour les brouillons étrangers, le *Courrier* n'aura garde d'en être avare envers les brouillons français. Aussi leur voue-t-il une vénération toute particulière. Il suffit d'avoir pris part à une sédition, poussé des cris séditieux, mérité d'être compris dans les poursuites d'une procédure politique, pour devenir l'objet de sa prédilection spéciale et de ses éloges ; c'est ce qui se voit dans les numéros suivants :

1er. — 1822, n° 108, 18 avril, page 2, 2e colonne (38) ; article commençant : « *Plusieurs citoyens,* » finissant : « *âgés de vingt ans.* »

2. — 1822, n° 115, 25 avril, page 3, 1re colonne (39), article commençant : «*Marie-Joseph Flaudier,*» finissant «*complet d'ivresse.* »

3. — 1822, n° 121, 1er mai, page 3, 1re colonne (40), article commençant : « *Philippe Husson,* » finissant : *en prison.* »

4. — 1822, n° 138, 18 mai, page 4, 1re colonne (41), article commençant : « *Le tribunal de police,* » et finissant : « *Témoignages.* »

5. — 1822, n° 139, 19 mai, page 3, 1re colonne (42), article commençant : « *On mande de Toulouse,* » finissant : « *Devant la Cour.* »

6. — 1822, n° 157, 6 juin, page 3, 1re colonne (43), article commençant : « *On nous écrit,* » finissant : « *Une députation.* »

7. — 1822, n° 187, 6 juillet, page 2, 2e colonne (44), article commençant : « *Les militaires prévenus,* » finissant : «*A la chose jugée.*»

8. — 1822, n° 196, 15 juillet, page 3, 1re colonne (45), article commençant : « *Nous avons annoncé,* » et finissant : « *cette barrière.* »

9. — 1822, n° 247, 4 septembre, page 1re, 2e colonne, et page 2e, 1re colonne (46), article commençant : « *M. Richard,* » finissant : « *L'accusation.* »

10. — 1822, n° 284, 11 octobre, page 3, 1re colonne (47), article commençant : « *Le journal d'Indre-et-Loire,* » et finissant : « *De sa captivité.* »

11. — 1822, n° 294, 21 octobre, page 3, 1re colonne (48), article commençant par : « *M. Legracieux,* » finissant : « *Eprouver plus long-temps.* »

Dans la première de ces feuilles, le journaliste raconte qu'à propos des troubles occasionnés *par les missions de Saint-Eustache* (car ce sont les missions qui ont occasionné les troubles, et non pas les journaux qui prêchent contre les missions), plusieurs *citoyens* ont été condamnés à la prison. Il a grand soin d'ajouter, et l'intention est facile à deviner, que *la plupart* étaient *à peine* âgés de vingt ans.

Dans la seconde, un homme qui a poussé des cris séditieux est condamné à la prison. Le journaliste proclame sa conduite irréprochable jusque-là, et affirme que lors des cris il était dans un état *complet d'ivresse.*

Dans la 3e, autre condamnation pareille contre un particulier, pour chansons séditieuses. Le journaliste a grand soin d'observer qu'avant la condamnation il est resté 50 jours en prison.

Dans la 4e, autre condamnation à 15 jours de prison pour cris séditieux. Le condamné s'appelle Butor. Lisez le *Courrier* qui se fait l'écho du défenseur. *Butor est un manouvrier.* Il est père de trois enfans. *Il n'a que son travail. Le condamner c'est frapper tous les siens à-la-fois.*

Dans la même feuille , autre condamnation du même genre contre Auraux. Lisez la feuille : *Auraux est un charpentier sur la conduite duquel ses maîtres et plusieurs voisins ont rendu le meilleur témoignage.*

Dans la 5e feuille , on voit que deux étudians qui ont résisté à la force armée sont condamnés à deux mois d'emprisonnement. Ces deux condamnés *ont excité le plus vif intérêt.*

La sixième assure qu'un militaire condamné à la prison par mesure de discipline , pour avoir fomenté des troubles que son devoir de militaire était d'empêcher, ne peut *suffire aux visites* de ses concitoyens ; qu'on a été obligé *de délivrer* 250 *permissions* aux habitans de Dijon et *des environs* qui montrent un égal *empressement* à lui témoigner *l'intérêt* qu'ils prennent à sa position.

La septième respire la plus touchante compassion pour quelques militaires qui gravement compromis dans le procès de conspiration dernièrement jugé à Nantes , ont reçu après leur acquittement , du ministre de la guerre, des congés portant qu'ils cessent d'être admissibles dans aucun des corps de l'armée , comme ayant été impliqués dans un procès de conspiration. Pour l'observer en passant, la plupart de ces militaires avaient formellement avoué leur faiblesse de s'être laissés entraîner dans des conciliabules où l'on conspirait ; et leur franchise peut-être , peut-être quelques apparences de repentir , peut-être enfin d'autres circonstances qui atténuaient leur faute , déterminèrent l'indulgence des jurés et leur acquittement. Toutefois quand de si graves soupçons avaient pesé sur eux , qu'ils avaient été mis en accusation , et quand leur acquittement même n'avait pas pu les dissiper entièrement, n'y aurait-il pas eu , de la part de l'administration , témérité et même désertion de ses devoirs de les conserver dans l'armée ? Cependant le journaliste déplore le sort de ces pauvres militaires congédiés , et demande si c'est ainsi que l'autorité donne aux citoyens l'exemple *du respect qu'on doit à la chose jugée ?* Comme si le respect dû à la chose jugée obligeait un maître , dont l'un des serviteurs a été accusé de l'avoir volé , à le reprendre à son service , parce qu'il a été acquitté , et à lui confier la clef de son coffre-fort et la garde de sa vie ; et comme si ce n'en était pas asseze pour n'être pas conservé dans la défense de l'Etat, de s'être comporté avec une légéreté telle qu'on mérite d'être soupçonné d'avoir conspiré contre l'Etat.

Un malheur à-peu-près pareil est arrivé à un avoué de Joigny. Lui aussi , il avait mérité d'être impliqué dans un procès de conspiration , à laquelle une lettre de lui , non encore raisonnablement expliquée aujourd'hui , le rendait suspect, au plus haut degré , d'avoir pris part. Ces soupçons n'ont jamais été entièrement dissipés. L'arrêt de la chambre d'accusation porte qu'il n'y a pas *suffisamment* de charges

contre lui, exprime même la défiance (que la justice, qui ne met pas
en accusation sur de la défiance,) conserve. Cet avoué, d'ailleurs,
avait voulu se faire d'abord notaire, et les notaires l'avaient rejeté.
Le Gouvernement lui retira son titre d'avoué. Lisez la huitième feuille
ci-dessus citée, vous y apprendrez, au milieu de vifs reproches faits
à l'administration d'une telle conduite, *que ses concitoyens,* c'est-à-
dire *les amis du Courrier sans doute,* l'aiment et le considèrent. Et en
effet, dans la doctrine du *Courrier,* aussitôt qu'on a été impliqué dans
un procès de conspiration, on devient sur-le-champ *aimé* et *considéré.*
Il n'y a que les condamnés pour une cause pareille qui aient droit à
un intérêt plus puissant et une vénération plus grande. C'est une véritable considération.

La 9ᵉ feuille ci-dessus citée rend compte de l'affaire de M. Gondouin de Nantes, lors des agitations qu'y fomentèrent les amis des
accusés de conspiration, des gardes-suisses furent employés à dissiper
les groupes. La résistance s'établit comme cela est actuellement passé
en usage. M. Gondouin prit parti pour un résistant. *Son cœur bon et
généreux,* dit le *Courrier,* ne put se contenir : *Tout* lui dit *qu'il doit
prêter secours à la faiblesse.* M. Gondouin a été condamné à la prison.
Le *Courrier* nomme tous les juges qui ont signé le jugement. On sait
ce que cela veut dire.

La 10ᵉ exalte beaucoup un acte d'humanité assurément fort loua-
ble d'un prisonnier qui s'est jeté dans la rivière pour sauver un
homme qui se noyait. Mais le secret de ce grand enthousiasme se
trouve surtout dans la circonstance que le sieur Drouin, ce prisonnier, avait été condamné pour écrit séditieux. Dès là le journaliste a
grand soin de déclarer que déjà le *patriotisme* de ce prisonnier le rendait cher à ses *concitoyens* qui lui prodiguaient des témoignages *d'estime* et d'attachement dont *aucun obstacle,* (c'est-à-dire la condamnation, parce que ces condamnations sont des titres d'honneur auprès
des bons citoyens) n'avait pu arrêter l'expression, ample dédommagement des *petits* désagrémens (qu'est-ce en effet qu'une condamnation judiciaire ?) de sa captivité.

Est-ce que des condamnations judiciaires n'honorent pas ceux
qu'elles atteignent ? est-ce qu'il est personne qui ne doive s'en trouver
grandi ? est-ce que les condamnés politiques sont criminels ? Car que
veulent-ils donc ? renverser seulement le trône ; bouleverser la société ; préparer les esprits par des ouvrages et des cris séditieux,
par de la rébellion contre la force publique, coupable de vouloir
rétablir l'ordre, à l'insurrection, à des révolutions nouvelles qui
envoient des générations entières à l'échafaud ; à la destruction générale des fortunes, des propriétés et des industries. De tels hommes
doivent-ils donc être confondus avec le gros des malfaiteurs obscurs
qui ont causé à la société le préjudice d'un écu ou d'un mauvais habit
qu'ils ont volé ? Pour ceux-ci les rigueurs de la prison à la bonne

heure. Pour ceux-là , des honneurs , de la considération , des dis-
tinctions, des respects , voilà ce que réclament les doctrines anar-
chiques du *Courrier.*

Qu'on daigne parcourir la 11ᵉ feuille du *Courrier*, on y verra établie en détail cette savante théorie sur les égards que méritent de si
nobles prisonniers. Autrefois, dit-il, « les détenus pour délits politi-
» ques ou pour délits de la presse , avaient été réunis *dans un corridor*
» *à part* et sans communication avec les prisonniers qui n'ont *rien de*
» *commun avec l'opinion. La* MORALE *applaudissait* non moins que l'hu-
» manité à cet arrangement. »

Ainsi les ennemis des priviléges n'en veulent pas pour la vertu des
ancêtres, pour les grands services rendus au pays , pour les sacrifices faits au Roi et à la patrie ; mais quand il s'agit de crimes politiques, c'est tout autre chose. Des priviléges pour les crimes n'ont
rien de choquant.

Et ces crimes, si l'on en croit le *Courrier*, sont si peu choquans
eux-mêmes , qu'il n'y a plus assez d'expression dans la langue pour
louer la noblesse du caractère, le courage, la fermeté des coupables
condamnés pour une telle cause ; c'est du moins ce qu'on recueille
dans les numéros du *Courrier* suivans :

1. — 1822, nᵒ 119, 29 avril , 3ᵉ page, 2ᵉ colonne (49) , article
commençant : « *Une nouvelle tentative*, « finissant : *tiendrai au cou-*
« *rant.* »

2. — 1822, nᵒ 122, 2 mai , page 3, 1ʳᵉ colonne (50) , commençant : « *Les trois prisonniers*, « finissant : *n'était plus temps.* »

3. — 1822 , nᵒ 265, 22 septembre, 2ᵉ page, 1ʳᵉ colonne (51),
article commençant : « *On a affiché ce matin*, « finissant : *cessé de*
« *vivre.* »

4. —1822 , nᵒ 271, 28 septembre, 3ᵉ page , 1ʳᵉ colonne (52),
article commençant : « *On écrit de Strasbourg.* « finissant : *semaine*
« *prochaine.* »

5. — 1822, nᵒ 283, 10 octobre, page 2ᵉ, 2ᵉ colonne, et page 3ᵉ,
1ʳᵉ colonne (53), article commençant : « *Une lettre de Poitiers*, finis-
« *sant : leur jugement.* »

6. — 1823 , nᵒ 48, 17 février, page 3ᵉ, 2ᵉ colonne (54), article
commençant : « *Nous avons constamment*, et finissant : « *modeste mo-*
« *nument.* »

7. — 1822, nᵒ 168, 17 juin, 3ᵉ page , 1ʳᵉ colonne (55), article
commençant : « *Une lettre de Toulon*, finissant : *Courrier du* 31 *mai.* »

Toutes ces feuilles exaltent à l'envi le courage, la fermeté, la sé-
rénité des condamnés, s'il vont à l'échafaud, ou, s'il sont condamnés
à des peines moins sévères , *la noblesse de leur caractère.*

Ainsi trois condamnés à l'emprisonnement dans le procès de conspiration jugé en 1822 par la cour des pairs tentent de s'évader. Le
projet est éventé et déjoué, ou plutôt, comme dit le *Courrier, le succès*

ne *couronne* pas leur entreprise. Ce n'est pas la surveillance qui l'a fait manquer c'est un acte de *générosité* de l'un des trois évadés. *Il n'a pas voulu songer à lui seul.* Le sentiment de confraternité l'emporte sur ses propres intérêts. Il attend ses deux camarades, il est surpris, puis, comme de raison, arrive ainsi qu'on peut le voir dans les deux premières feuilles ci-dessus citées, une vive censure exercée sur le redoublement de surveillance de cette autorité cruelle qui ne veut pas que les individus intéressans, condamnés à la prison pour délits ou crimes politiques, ne s'évadent pas, ou bien ne s'amusent pas en prison ; sur la défense à leurs compagnons de captivité de leur procurer même des alimens, comme si dans les prisons ce n'était pas à l'administration seule qu'il convient de pourvoir aux besoins des prisonniers ; sur la privation de toute communication *libre* avec leurs amis ; sur les rigueurs et les privations qu'engendrent la détention ; sur la suppression du corridor rouge d'où l'on s'échappait ; sur la cruauté d'avoir transféré les condamnés de ce corridor dans des chambres plus sûres. A quoi on ajoute cette réflexion pleine de bienveillance pour l'autorité, que c'est ainsi qu'au bagne lorsqu'un forçat est l'objet de la sévérité des gardiens, toute la ligne des rameurs est atteinte du même coup de fouet.

La 3ᵉ feuille contient l'apologie des derniers momens de Bories et ses complices condamnés dans le procès de la conspiration de la Rochelle. *Leur courage et lenr fermeté* ne les ont pas abandonnés *un instant...* leur visage était *calme...* Arrivés sur le lieu de l'exécution ils ont montré le même sang-froid, et l'on a pu appliquer à chacun d'eux cette expression de M. Châteaubriant, il est mort avec la *fermeté d'un soldat et la facilité d'un jeune homme.* Voilà ce qu'on lit dans cette feuille.

Quoi de plus noble et de plus attendrissant, quoi de plus propre à faire croire à la bonne conscience et à l'innocence même des condamnés. Des hommes de bien eussent-ils vu arriver la mort avec une telle magnanimité. Ces hommes-là étaient-ils donc véritablement coupables, et doit-on ajouter foi à leur crime ? N'est-il pas permis de supposer l'erreur et la cruauté des jurés, des juges et du jugement ? L'exposant le demande ; n'est-ce pas là en effet l'insinuation perfide du journaliste ; et son but n'est-il pas d'en faire ainsi juger par les lecteurs superficiels dont il cherche à égarer la raison, en commençant par émouvoir leur sensibilité, qu'en déplorant leurs funestes égaremens on déplore aussi le malheur de si jeunes gens, dignes d'un meilleur sort, de si jeunes gens qui vivraient encore honnêtes, innocens et honorés sans les infâmes séductions incessamment pratiquées sur eux par les prédicateurs de la révolte, et si comme l'a dit naïvement l'un d'eux, dans le procès même, ils ne s'étaient pas laissés pervertir par la lecture des journaux qui corrompent la morale publique : l'exposant le conçoit. Cette pitié honore même le cœur des hommes qui détestent le crime. Mais feindre une hypocrite compas-

sion pour des coupables qu'on a rendus tels par des déclamations perpétuelles et furibondes contre l'ordre de choses dans lequel nous vivons , pour des coupables , auxquels chaque jour on s'efforce de donner des complices en leur soufflant les mêmes fureurs , c'est vraiment
abuser de la crédulité publique.

Caron aussi , après sa condamnation (*voyez* 4e feuille ci-dessus citée) , a montré la plus grande fermeté , son caractère ne s'est pas
démenti *un seul instant*. C'est la phrase bannale qu'emploie le *Courrier* pour tous les Séïdes et toutes les victimes du comité directeur.

Dans la 5e feuille , c'est le tour du malheureux Berton de recevoir
des palmes et des éloges , comme ce fut son tour d'être infecté des
poisons libéraux. En allant au supplice il promenait partout des *regards calmes et assurés*. C'est avec fermeté qu'il monte sur l'échafaud ,
où , pour mieux convaincre ses juges d'iniquité , apparemment , il
crie *vive la liberté* , après quoi il fixe des regards *sereins* sur l'instrument de sa mort.

Et tel est le sentiment que le *Courrier* veut qu'on accorde à ces glorieux coupables , qu'il ne craint pas de publier , dans la 6e feuille ci-
dessus citée, une lettre échappée à l'irréflexion pardonnable d'enfans
consternés de la mort de leur père , mais dont il n'est pas un esprit sage
et froid qui puisse approuver la monstrueuse inconvenance ; une lettre
dans laquelle on se plaint avec amertume contre l'autorité publique
de ce qu'elle n'autorise pas l'honneur funeste d'une épitaphe à la mémoire d'un homme justement frappé par la loi, pour avoir voulu livrer
son pays aux horreurs de la guerre civile , et pour qui le plus grand
honneur qui puisse désormais être rendu à ses cendres, doit être sans
doute de les couvrir de profondes ténèbres.

Faut-il s'étonner au reste de voir le *Courrier* s'associer hypocritement à ces erreurs pardonnables de la sensibilité d'enfans , à qui il
est toujours permis de conserver de la reconnaissance et de l'attache-
-ment pour l'auteur de leurs jours , lorsque dans la feuille 7e ci-dessus
citée, on le voit , non plus seulement exiger des monumens pour les
coupables qui ont satisfait à la loi , mais insinuer que le deuil public
accompagne leur supplice.

Dans cette feuille , il raconte à sa manière la mort de Vallée , qui
s'était rendu coupable à Toulon , de complicité dans cette vaste conspiration , dans laquelle les carbonari , sur tous les points de la
France , avaient fait des efforts si criminels et heureusement si généralement infructueux , pour débaucher quelques militaires mécontens. Et ce récit, il le fait de manière à ce qu'on pourrait croire que
Toulon tout entier était coupable du crime de Vallée ; que l'opinion
publique se révoltait contre son supplice ; qu'il avait fallu pour soumettre cette opinion un grand déploiement de forces , déploiement
de forces qui avait bien pu sans doute assurer l'exécution , mais non
pas comprimer le deuil public de cette grande mort , illustrée comme

toutes les autres par un grand *courage*. « Dans les rues que traversa
» Vallée pour aller au supplice , dit l'infidèle narrateur, *les bou-*
» *tiques et les contrevents des fenêtres étaient fermés*. Un grand nombre
» d'habitans *étaient partis pour la campagne*. » Comme si tout le
monde , à Toulon, avait pu être frappé d'une consternation profonde
à propos de la mort justement infligée à un misérable instrument des
carbonari, voulant répondre dans le midi par des assassinats , aux
assassinats que la secte préparait dans l'ouest ! Tel est l'esprit du
Courrier. Qu'on le juge.

*4° Atteinte portée à la paix publique , tantôt par la censure injuste
et amère de tous les actes des fonctionnaires qu'on peint comme tyranniques , en sorte que les citoyens soient en alarme perpétuelle sur leurs
droits et leurs propriétés , et tantôt par l'effroi jeté dans l'ame de la population toute entière sur les conséquences de malheur et de ruine qu'on
suppose méchamment aux mesures nécessaires prises par le Gouvernement.*

COURRIER FRANÇAIS.

1. 1822 , n° 98 et 99 , 8 et 9 avril , page 3 , 1re colonne (56) , article commençant : *Depuis hier, dit l'Echo* , et finissant : *d'avoir son
effet.*

2. 1822 , n° 110 , 20 avril , page 2 , 2e colonne (57) , article commençant : *Je viens d'acquérir* : et finissant : *Tierry Mieg.*

3. 1822 , n° 119 , 29 avril , page 3 , 1re colonne (58) , article
commençant : *L'Ami de la Charte* , et finissant : *qu'ils possèdent.*

4. 1822 , n° 121 , 1er mai , page 3 , 1re colonne (59) , article commençant : *Une dame de Nantes* , et finissant : *agent de l'autorité.*

5. 1822 , n° 139 , 19 mai , page 3 , 1re colonne (60) , article commençant : *Le précurseur de Lyon* , et finissant : *frontières de l'Espagne.*

6. 1822. , n° 154 , 4 juin , page 2 , 1re colonne (61) , article commençant : *Toutes les quotidiennes* , et finissant : *mis en prison.*

7. 1822 , n° 157 , 6 juin , page 2 , 2e colonne (62) , article commençant : *Une feuille dont* , et finissant : *nouvelle position.*

8. 1822 , n° 160 , 9 juin , page 2 , 2e colonne (63) , article commençant : *Par jugement* , et finissant : *de leurs maîtres.*

9. 1822 , n° 196 , 15 juillet , page 3 , 1re colonne (64) , article
commençant : *Nous avons annoncé* , et finissant : *cette barrière.*

10. 1822 , n° 215 , 3 août , page 1re (65) , 2e colonne tout entière , et les quatre premières lignes de la colonne suivante.

11. 1822. , n° 222 , 10 août , page 1 , 1re colonne (66) , les quatre
dernières lignes et colonne suivante tout ce qui finit l'alinéa.

Plus , page 2 , 2e colonne , l'article commençant : *M. Wolf* , et
finissant : *Strasbourg.*

12. 1822 , n° 227 , 15 août , page 2 , 2e colonne (67) , article com-
commençant : *Au moment* , et finissant : *Luxembourg , n° 27.*

13. 1822 , n° 288 , 15 octobre , page 3 , 1re colonne (68) dernier alinéa, jusqu'à la fin de l'alinéa sur la 2e colonne.

14. 1822 , n° 303 , 4 novembre , page 2e , 1re colonne (69), tout le premier et tout le deuxième alinéas.

15. 1822, n° 311 , 7 novembre , page 3 , 1re colonne (70), article commençant : *Depuis plusieurs*, et finissant : *on est abonné*.

16. 1822., n° 314, 10 novembre , page 2 , 1re colonne (71) alinéa commençant : *Un poste*, et finissant : *pas existé*.

17. 1822, n° 328 , 24 novembre , page 3 , 1re colonne (72), l'avant-dernier aliéna tout entier.

18. 1822 , n° 342 , 8 décembre , page 2 , 2e colonne (73) , alinéa commençant : *Les épurations*, et finissant : *à son égard*.

19. 1822, n° 343, 9 décembre , page 2, 2e colonne (74). Tout l'alinéa terminé par la signature *Kératry*.

20. 1823 , n° 26 , 26 janvier , page 3 , 1re colonne (75). Tout l'alinéa commençant par : *Cependant*.

21. 1823 , n° 27 , 27 janvier , page 2e , 1re colonne (76). Tout le dernier alinéa , jusqu'à la fin à la colonne suivante.

22. 1823 , n° 29 , 29 janvier , page 2e, 2e colonne (77). Depuis l'alinéa commençant par ces mots : *Une affluence*, jusqu'à la fin de l'alinéa à la colonne suivante, finissant par ces mots : *à l'humanité*.

23. 1823 , n° 41 , 10 février , page 3 , 1re colonne (78). Tout l'alinéa commençant par ces mots : *Nous sommes au moment*.

24. 1823 , n° 49 , 18 février , page 3 , 1re colonne (79). Tout l'alinéa commençant : *La situation*.

25. 1823 , n° 51 , 20 février , 2e page , 1re colonne (80). Tout le haut de la page jusqu'à la fin de l'alinéa.

26. 1823 , n° 62 , 3 mars , page 1 , 2e colonne (81). Les deux derniers alinéas.

Il n'est pas une seule de ces feuilles qui n'exhale au plus haut degré une mauvaise volonté très-prononcée et une haine véritable contre le Gouvernement du Roi et contre tous les agens principaux et secondaires , qui ne les dénonce au peuple comme uniquement occupés de fonder la tyrannie, le privilège, l'arbitraire, de détruire l'une après l'autre toutes nos libertés , et de chercher la ruine des institutions ; qui ne les accuse de compter pour rien dans leurs actes la prospérité de la France, et de la sacrifier à des intérêts de caste et à l'esprit de parti, de jeter dans l'âme de la population entière les plus vives alarmes sur tout ce qui la touche de plus près, en lui dépeignant tous leurs actes grands et petits comme devant entraîner la destruction des fortunes , la servitude des personnes , la résurrection de tous les abus , des combats nécessaires entre les classes, et par suite des révolutions nouvelles, des malheurs publics nouveaux, une nouvelle anarchie, la perte des individus et du pays.

Ainsi :

La justice trop légitimement inquiète des menées qui se pratiquent dans l'ouest, remplit-elle son devoir *légal* de faire amener devant-elle et d'examiner des hommes alarmans ; tous ceux qui donnent lieu à des recherches deviennent sur-le-champ des hommes *recommandables*. Ce sont des *hommes recommandables* que l'on tourmente. Ceux qui sont arrêtés, le sont non pour de bonnes raisons, mais *sous des prétextes*. (Voyez la première des feuilles ci-dessus citées.)

L'administration qui sait, et qui sait par l'aveu même le plus positif de leurs Seïdes, que d'atroces corporations existent qui couvrent les grands chemins de leurs sicaires, pour aller porter sur tous les points l'ordre de la simultanéité des mouvemens insurrectionnels, redouble-t-elle, dans le juste intérêt des bons citoyens, de surveillance sur les voyageurs ? Un homme qui s'explique mal sur ses courses, est-il conduit devant les magistrats qui le renvoient s'il finit par dissiper une partie des inquiétudes conçues à son sujet ; on fait le tableau le plus pathétique de l'interruption de son dîner, de la surveillance exercée sur lui dans son auberge et sur la route dans son cabriolet. Ce sont des *humiliations :* c'est de *l'arbitraire.* Il n'y a plus assez de foudres judiciaires pour punir cet épouvantable attentat qui a consisté à faire paraître devant les magistrats. (Voyez la 2e. feuille.)

Le ministère public établit-il des mesures de police dans une prison où sont détenus des hommes accusés de conspiration ? Défend-il à un étranger de communiquer pour le moment avec les prisonniers ? Et sur sa désobéissance à cet ordre, le fait-il conduire au corps-de-garde ? Soudain cet étranger devient intéressant. On fait remarquer avec perfidie que c'est *un sergent* dont la figure *cicatrisée* et les *moustaches grisonnantes* annoncent un soldat de la vieille armée qui causait avec *les prévenus ses frères d'armes.* Évidemment pour inspirer aux vieux soldats la fausse idée que l'autorité les maltraite. Puis on ajoute que l'on fera bien de ne plus adresser aux prisonniers *aucun bon jour,* Un SIGNE *mal interprété* pouvant leur devenir *funeste.* Funeste en quoi ? Ne dirait-on pas que nous vivons dans ces temps exécrables, où un mot de compassion pour les victimes, vous faisait à l'instant même monter sur l'échafaud. Oui certes, ces temps, fils de l'anarchie, ont existé. La France ne s'en souvient que trop ! Et ce n'est pas au Gouvernement royal qu'on peut les reprocher ! Et ce n'est pas à ceux qui s'efforcent de nous ramener une seconde anarchie, laquelle serait féconde en crimes comme la première, qu'il convient de nous les rappeler. (Voyez la 3e feuille.)

La 4e feuille déplore la tyrannie qui fait demander des passeports aux gens qui n'en ont pas, et qui leur fait faire une lieue pour qu'on les reconnaisse. «*Plusieurs actes du même genre*, dit-on, *prouvent que* » *les routes de Nantes sont l'objet d'une surveillance particulière.* » Quel malheur, en effet, pour la liberté de conspirer ! Dans la 15e feuille, on s'attache également à présenter sous un jour défavorable les dis-

positions prises par la police de Nantes , pour éclairer , pendant l'instruction du procès de conspiration , ce qui se passait dans les auberges et dans les hôtels garnis ; pour faire expliquer les voyageurs sans
passeports ; et le journaliste ne manque pas de faire remarquer la
grande activité de la police , activité bien effrayante en effet , puisqu'elle a pour double but de décourager les perturbateurs et de
rassurer les gens de bien .

Si la police ordonne à des échappés des insurrections du dehors
de purger le sol français de leur présence et de leurs manœuvres ! on
a soin d'invoquer pour eux les lois de l'hospitalité et la protection *des
proscrits* ; tant certains hommes sont curieux de recueillir et d'amas-
ser en France tout ce qu'il peut y avoir d'impur sur le Globe ! (Voyez
la 5ᵉ feuille.)

Interpellé sans cesse de porter de l'économie dans les dépenses de
chaque branche , un ministre réduit-il le nombre de ses employés ?
Aussitôt grande déploration sur tant de malheurs ; que pourtant d'un
autre côté , on ne se lasse pas de provoquer. Plaintes du plus hypocrite pathétique sur le sort de ces employés , pour rendre le Gouvernement odieux. « *Quelques heures ont suffi* , s'écrie-t-on , pour réduire
« *à la misère une soixantaine d'employés* qui , par leur *asssiduité* , leur
zèle , leurs *talens* , (car le journaliste sait tout cela , et ce sont bien
évidemment les meilleurs et les plus utiles qu'on a renvoyés) « avaient
» résisté comme des rochers à toutes les luttes de parti. *Tous ces*
» *péres de famille* sont venus se briser contre l'écueil du nouveau mi-
» nistère. *Leur naufrage est complet*. Eux, leurs *vieux parens* , et leurs
» femmes et leurs enfans , et le prix de leur travail , et l'expectative
» de leur retraite , *leur vie toute entière* et celle de leur malheureuse
» famille , *tout est noyé par cet ouragan ministériel*........
 » C'est une destitution non méritée qui doit augmenter l'estime
» pour ceux sur qui elle est tombée. » Un de ces destitués emporte
surtout *les regrets* de ses camarades . Il l'a été pour deux ou trois
pièces de vers fort innocentes insérées dans le miroir. (Voyez les 6ᵉ ,
7ᵉ et 18ᵉ feuilles.)

Quand la justice condamne pour contraventions des domestiques
à des amendes , on fait observer que ces pauvres domestiques n'ont
pour vivre que le prix très modique de leurs journées ; car il faut bien
que tout le monde sache que la justice est barbare . (Voyez la 8ᵉ
feuille.)

Quelles fureurs à propos de la destitution de l'avoué Lecomte de
Joigny, destitué pour avoir laissé à la justice elle-même de graves soupçons, quand elle pensait que, pour le moment, il n'y avait pas lieu à le
poursuivre , à raison d'une complicité de conspiration ! On sonne le
tocsin. On jette l'alarme dans toutes les professions. Il n'y a plus rien
de sûr. Ce n'est pas une mesure individuelle. C'est le premier essai de
tyrannie dans un plan général. « *Ainsi les avoués , les notaires et tous*

» *ceux qui exercent un état soumis au consentement préalable du Gouver-*
» *nement sont maintenant déclarés révocables pour leurs opinions, pour*
» *leur vote électoral....*

« *Il n'y a pas de raison pour que ce système ne s'étende pas* A TOUTES
» *les professions pour qu'on ne retire pas aux médecins leur brevet,* AUX
» ÉPICIERS *leur patente.* Mais que le Gouvernement y prenne garde.
» Comme on ne tient *à la tranquillité du Gouvernement qu'autant*
» *qu'il est la garantie de sa tranquillité particulière,* du moment où IL
» *trouble* la paix des citoyens, *les citoyens n'ont plus* AUCUN *intérêt à*
» *ce que lui-même* VIVE EN PAIX. » (Cette menace mérite d'être re-
marquée et recueillie.) Voyez 9ᵉ et 11ᵉ feuilles.

On revient encore sur cette affaire dans la 12ᵉ pour dire, contre
toute vérité, que la conspiration dans les poursuites de laquelle fut
impliqué cet avoué a été déclarée imaginaire par la cour d'assises de
l'Yonne, lorsque cette cour a précisément déclaré le contraire, et
pour appeler des souscriptions en faveur de la victime d'une *révoca-*
tion de propre mouvement.

Un officier est accusé d'avoir encouragé des troubles à Dijon. On
lui inflige une peine de discipline militaire. Son insubordination n'en
éclate que davantage. Il est renvoyé. C'est un acte très-simple. Selon
la Charte, le Roi est le chef de l'armée. A lui seul appartient le droit
de conserver ou de réformer les officiers. Le Gouvernement a usé de
ce droit. Pour quels motifs au juste ? Lui seul il le sait : seul il peut
les apprécier. N'importe : Selon le journaliste, il y a tyrannie. Ce
fait prouve que le Gouvernement *est entré dans la currière de l'arbi-*
traire..... C'est *un caprice* et non de la justice..... C'est la preuve de *l'as-*
cendant qu'on veut exercer sur la *conscience de tous ceux qui reçoivent*
un traitement de l'Etat. (*Voyez* 10ᵉ feuille.)

La loi accorde au Gouvernement le droit d'interdire les libraires
qui distribuent des poisons moraux. Cette mesure est appliquée à trois
dont les noms et même les condamnations judiciaires la justifient.
Soudain le journaliste travestit cette mesure particulière en une mesure
qui doit s'étendre à beaucoup d'autres. *Il y a une grande inquiétude et*
une méfiance extrême dans le commerce de la librairie. Et offrant, pour
mieux troubler la paix des commerçans, la perspective dont chacun
d'eux a le plus l'espoir, le journaliste présage pour la fin de l'année et
l'époque des paiemens de nombreuses faillites. (Voyez 13ᵉ feuille.)

C'est encore au commerce de la librairie qu'il veut inspirer des
alarmes à propos des mesures pleines de sagesse prises par la police
pour empêcher les étalagistes de provoquer notre jeunesse à l'achat
de livres corrupteurs. La droiture de l'administration est calomniée.
« *Les mœurs publiques ne sont qu'un prétexte. Elles n'ont aucun profit à*
» *attendre de ces mesures et ce n'est pas dans leur intérêt qu'elles ont*
» *été conçues..... Cette disposition indique plutôt l'amour de l'arbitraire que*
l'amour de la morale. » (Voyez 14ᵉ feuille.)

La loi accorde au Gouvernement le droit de régler la police des écoles. L'Ecole de Médecine de Paris est fermée : on sait pourquoi. (Voyez 17e feuille du *Courrier*.) Il n'y a dans cette mesure qu'injustice et rigueur. Toute la capitale et même toute la France doivent s'en alarmer : « *car elle frappe une multitude de familles, elle frappe* » *tout un quartier de la capitale , elle frappe la France dans une des plus* » *belles parties de sa gloire.* »

Mais bientôt le champ devient plus large pour agiter les esprits et pour semer les alarmes. Une guerre est imminente ; une guerre jugée inévitable par le Gouvernement ; une guerre, pour la première fois peut-être depuis qu'il existe des sociétés, pure de toute vue d'invasion, de conquête et d'intérêt personnel ; une guerre entreprise pour un Bourbon , pour rendre la liberté à un Bourbon , et préserver peut-être un grand peuple, son ancien allié , d'un opprobre ineffaçable ; une guerre entreprise dans l'intérêt commun des nations et pour la conservation du système social menacé en Europe par l'égarement inoui de l'esprit humain. Si le Gouvernement se trompe , son erreur du moins est noble et respectable. S'il se trompe , c'est à lui pourtant, à lui seul, selon nos institutions, qu'appartient le droit d'ordonner de la guerre, et puisqu'à son grand regret, convaincu qu'il croit être par la nécessité de prévenir des maux plus grands encore, il l'a fait, l'honneur du nom français et l'intérêt du pays aussi demandent que cette guerre soit heureuse ; que tous les membres de l'État s'y prêtent, non pas seulement avec courage , car quel cœur français manquera jamais de courage? mais avec effort de zèle et avec spontanéité dans les sacrifices. Certes, ce sont là les meilleurs moyens de rendre la guerre et plus courte et moins dommageable. C'est dans le rôle de tous les bons français, une fois que cette guerre est résolue, d'échauffer les cœurs, de rassurer les imaginations, et de réunir, s'il se peut, toutes les volontés dans une seule volonté. Est-ce là ce que fait le *Courrier?* Il fait tout le contraire. Il ne rêve et ne montre que trahison dans les motifs de la guerre , malheurs et désastres dans son cours et destruction des libertés dans son issue. Il s'y prend de son mieux pour semer dans tous les esprits les plus vives répugnances et les plus sinistres alarmes.

Dans la 16e feuille , il commence par faire entrevoir, comme premier effet de cette guerre funeste , *la débâcle des fonds publics..... Elle est entreprise pour détruire toutes les constitutions* (car c'est détruire toutes les constitutions que vouloir qu'un roi ne soit pas captif et que les constitutions soient données par la liberté et par la sagesse du monarque). La manière dont on la décide prouve, dit la feuille n° 19, « qu'il y a un vice intime dans notre administration, *qu'elle ne s'est* » *pas appuyée sur les vrais intérêts du pays ;* que dans certains cas elle » n'oserait leur demander un secours; *que dans d'autres elle le redouterait* » *même......* et que par conséquent elle ne possède pas ce que devrait » avoir tout souverain , *une force qui lui soit propre.*

La feuille 20e ajoute encore à ces alarmes. Ce ne sont plus les intentions de la guerre qu'elle attaque. Ce sont les premiers effets déjà, selon elle établis par la simple inquiétude que la guerre ait lieu, qu'elle grandit et exagère. « Trois mois d'alarmes et d'incertitudes, dit-elle, » ont détruit en partie l'ouvrage de six années de paix...... *l'essor de* » *l'industrie s'est arrêté...... L'activité du commerce s'est trouvé para-* » *lysée. Le crédit public a été ébranlé. Les sources de la richesse se sont* » *fermées......* » Ainsi on a parlé de guerre en France, et tout en France est perdu.

La feuille 21e revient aux intentions. « *C'est la stabilité des institu-* » *tions ; c'est la prospérité du pays*, qui sont compromises par la » guerre. »

C'est bien autre chose dans la feuille 22e. Si on l'en croit voilà la guerre annoncée : « A dater de ce jour *un autre ordre de choses* naît en » France... Arrachée tout-à-coup à une route prospère, elle va rentrer » dans une carrière qui ne lui est que trop connue. La guerre, sans » pouvoir lui offrir *l'ombre* des triomphes qui ont brillé pour elle, » peut renouveler les désastres qu'elle a déjà soufferts..... Bientôt il » n'appartiendra plus *à aucun pouvoir humain* de fixer *des limites à* » *l'embrasement* que la guerre *peut causer à la France* et des larmes » qu'elle doit coûter *à l'humanité.* »

La feuille 23e renchérit sur ces alarmes. « Nous sommes au mo- » ment d'une grande crise, qui *menace également* le repos, *la liberté*, » *le commerce* et la *civilisation*. Aujourd'hui il s'agit de savoir si, des » glaces de la Sibérie jusqu'aux colonnes d'Hercule, il n'y aura plus » qu'un mode de gouvernement dans lequel le pouvoir sera *sans limi-* » *tes* et les nations *sans droits.....* C'est le gouvernement représentatif » qu'on veut forcer dans son dernier asile sur le continent. » (Parce qu'il n'y a pas de gouvernement représentatif en France, en Belgique, en Saxe, en Bavière, en Suède, etc.) « L'invasion heu- » reuse de l'Espagne serait un moyen de poursuivre ouvertement la » contre-révolution en France. »

Et toutes ces grandes fureurs démagogiques, toutes ces menaces, tous ces présages, tout ce débordement de calomnies à propos d'une guerre dont l'unique but est de sauver la royauté, un roi, la vraie liberté publique, la société européenne enfin, des crimes médités contre eux tant par une poignée de tribuns que désavouent la morale, la religion et les principes des réels gouvernemens représentatifs !

On retrouve toutes ces terreurs énoncées dans la 24e feuille, qui ne manque pas de répéter que « la situation où nous sommes *alarme tous* » *les esprits* doués de quelque justesse et de quelque prévoyance, et » *que les hommes même les plus disposés à la confiance ne peuvent se dé-* » *fendre de l'inquiétude générale.* »

La 25e feuille revient à accuser le but secret de cette guerre : « cette » guerre dont la liberté de Ferdinand est le prétexte, est *dans la réa-*

» lité dirigée contre le système constitutionnel, contre les libertés publi-
» ques de tous les pays. »

Enfin le *Courrier*, auquel aucune source de scandale n'échappe,
n'a eu garde de négliger celle que lui ouvrait la triste nécessité où s'est
trouvée la chambre des députés de faire respecter sa discipline.
Au dire de la 26ᵉ feuille ci-dessus citée : « Tout le gouverne-
» ment.... » (TOUT) représentatif existe dans la question qu'agite la
chambre. (Celle de savoir si un membre qui l'empêche de délibérer
sera réduit à l'impuissance de la frapper de paralysie par un vote in-
dividuel.) « Nous sommes dans un de ces momens où il va se décider
» si la passion l'emportera sur la justice, et *si l'on passera du régime*
» *de droit au régime* DE FAIT. »

Telles sont les attaques que ne cesse de diriger contre la paix publique le *Courrier*.

Ce considéré, le procureur-général du Roi requiert qu'il plaise à
M. le premier Président l'autoriser d'assigner les auteurs responsables
des journaux intitulés le *Courrier français* et le *Pilote*, à tel jour le plus
prochain et heure, que M. le président voudra bien indiquer (attendu
l'urgence d'arrêter l'émission de telles doctrines), par-devant la
cour, en audience solennelle des deux chambres, qu'il semblera également bon à M. le premier président de désigner, pour y voir dire
qu'attendu que l'esprit desdits journaux, résultant de la succession
d'articles indiqués par l'exposant, est de nature à porter atteinte à la
paix publique, lesdits deux journaux seront et demeureront suspendus
pendant un mois ;

Pour répondre à toutes fins de droit ;

Et pour en outre les voir condamner aux dépens.

Fait au parquet de la cour royale de Paris, le 24 mars 1823.

Signé BELLART.

Soient les parties citées au mardi huit avril prochain, onze heures
du matin, grande audience des première et seconde chambres réunies. Au palais, ce 24 mars 1823.

Le premier président, *Signé* SÉGUIER.

ARTICLES

DU

COURRIER FRANÇAIS

INCULPÉS

DANS LE RÉQUISITOIRE PRÉCÉDENT.

ARTICLES

Du Courrier Français *inculpés dans le Réqui-sitoire précédent.*

————•————

(1) *N*º 121 , *du* 1ᵉʳ *mai* 1822.

« Avant que le ministère eût été conquis par les hommes que M. de Montlosier appelle ses amis , il était possible d'entrer en lice avec lui et de discuter ses opinions. Aujourd'hui la chose est difficile , car M. de Montlosier n'a plus ni opinion ni principes ; il dit à ses amis , frappez vite et fort ; il dit à ses adversaires , je vous méprise. Rien dans ce laconisme ne prête à la discussion ; d'ailleurs M. de Montlosier peut être considéré dans ce moment comme un ennemi très indiscret , qui publie les mystères de son parti, c'est une lettre décachetée qui tombe en nos mains , voyons un peu ce qu'elle renferme.

» Peut-être est-il encore en France quelques optimistes assez aveuglés pour ne pas savoir quel but on se propose d'indiquer à la majorité de la chambre desdéputés ; M. de Montlosier vient dessiller leurs yeux, et voici ce qu'il nous enseigne ; je copie ses propres paroles : « La fonction du côté droit, proprement dit, est d'appeler la contre-révolution de toutes ses forces ; la fonction du centre droit, qui l'appelle aussi, est d'empêcher qu'elle ne soit désordonnée. » Il est heureux que le noble écrivain ait mis son livre en lumière avant les élections. Les électeurs apprendront qu'en votant pour des candidats du côté droit, ce n'est point pour la monarchie, ce n'est pas pour la charte qu'ils votent, mais bien pour la contre-révolution.

» M. le comte de Montlosier et ses pareils ne se doutent pas probablement de tout ce que leur système contre-révolutionnaire renferme de funeste pour la paix publique. La charte avait dit ce qu'elle voulait conserver de l'ancien régime et ce qu'elle sanctionnait du nouveau ; tout le reste était détruit par elle. Du moment où des hommes qui se disaient royalistes dans leur faiblesse , sont assez téméraires pour se proclamer contre-révolutionnaires dans leur force , de ce moment leur secret est devoilé , on voit que ce n'est point la monarchie constitutionnelle qui leur convient, et qu'il leur faut encore la contre-révolution aristocratique.

» Mais comment n'a-t-on pas vu qu'en ressuscitant la contre-révolution, en la montrant hostile contre les personnes qui ont acquis quelque gloire , rendu quelques services durant nos trente dernières années, offensive contre les intérêts acquis , les opinions manifestées , on sortait du terrain de la

3

monarchie constitutionnelle. C'est la renaissance de la contre-révolution qui a fait renaître la révolution. Ce sont les aristocrates qui ont créé les libéraux, et c'est précisément parce que ceux-là se sont réunis pour attaquer, que ceux-ci ont dû se réunir pour se défendre.

» Ainsi, lorsque M. le comte de Montlosier dit dans son ouvrage : « *Nous autres émigrés, nous autres contre-révolutionnaires, nous autres vraiment citoyens, vraiment français*, témoins, chez les peuples étrangers, des impressions de mépris que les *bassesses* de la révolution y faisaient. ... » Les adversaires sont dans la nécessité de lui répondre : Nous, révolutionnaires, qui au moment du péril n'avons pas déserté la patrie, vraiment citoyens, parce que nous n'avons pas trahi la cité ; vraiment Français, parce que nous avons sauvé la France ; c'est nous qui avons eu la *bassesse* d'entrer en vainqueur dans onze capitales européennes ; c'est nous qui avons eu la *bassesse* de porter l'étendard de la victoire dans les lieux où saint Louis fut dans les fers, où François Ier fut dans les prisons ; c'est nous qui avons eu la *bassesse* de donner du pain, par la division des propriétés et l'accroissement de l'industrie, à un tiers de la France ; c'est nous qui avons eu la *bassesse* de créer toutes ces libertés qui font que les citoyens sont à l'abri de vos vexations, s'ils ne peuvent être à l'abri de vos injures.

» Pourquoi M. le comte de Montlosier et les siens, ces citoyens, ces Français, témoins de ces bassesses, sont-ils venus sur nos frontières implorer la révolution, et la supplier d'abaisser les barrières qu'elle avait mises entre elle et l'émigration ? Pourquoi, après avoir abandonné un roi au pied de l'échafaud, ont-ils délaissé un autre roi dans l'exil ? Pourquoi ces serviteurs fidèles se sont-ils hâtés de pactiser pour leur compte avec la révolution, laissant à la Providence le soin de veiller sur leurs maîtres ? Pourquoi, après leur retour, ont-ils servi cette révolution, les uns avec honneur dans les armées françaises, dans les emplois publics, les autres dans l'obséquieuse domesticité du palais impérial ? Que ces hommes nous disent à quelle époque ils étaient vraiment citoyens, vraiment Français. Quand on a servi dans les deux camps ennemis, on fut transfuge et traître au moins une fois.

» Voilà ce que la révolution pourrait répondre à tous les hommes qui se vantent d'être des contre-révolutionnaires ; voilà ce que les libéraux voulaient éviter. Ils avaient transporté l'opposition sur le terrain de la charte ; c'est là qu'ils défendaient les libertés du peuple, c'est là que les royalistes pouvaient défendre aussi toutes les prérogatives de la couronne. Dans cette lutte rien n'était périlleux, parce qu'au-dessus des lutteurs on apercevait le Roi et la charte, l'un comme juge, et l'autre comme règle du combat.

» Mais appeler aujourd'hui la contre-révolution, c'est être rebelle au Roi, à la charte, à la patrie. Ce qui doit exister fut fixé par la constitution : vouloir renverser ce qui existe, c'est être révolutionnaire. Il n'importe que ce soit au profit de l'ancien régime ; car comme l'attaque alors serait hors de la charte, la défense par la force des choses pourrait être entraînée hors des intérêts du Roi qui l'a donnée.

» Les fanfarons de royalisme pensent qu'ils ne seront jamais démasqués, parce qu'ils ont eu l'adresse de se cacher derrière le trône, dont leurs prétentions pourraient seules compromettre la stabilité. Leur masque est tombé. Aujourd'hui on sait ce qu'ils veulent. Leur contre-révolution ne s'accomplira pas : vingt-huit millions de Français ne se laisseront pas destituer de leurs droits au profit de quelques familles. Mais ces familles peuvent tenter la fortune, et cette forfanterie pourrait entraîner d'immenses calamités ; elle pourrait tout remettre en problème, tout, je le dis dans la sincérité de mon cœur aux hommes bonne foi.

» Il n'est qu'un moyen légal à opposer à leur folie, ce moyen consiste à les éloigner de l'autorité. Seuls, ils ne peuvent rien troubler ; appuyés par le pouvoir, ils peuvent essayer du trouble. Que la majorité de la chambre élective leur échappe, et la paix de la France est assurée. Que les électeurs jugent, par cette seule observation, de quelle importance ils peuvent être pour les destinées de la France.

» Les électeurs ont pu voir par les journaux contre-révolutionnaires que les moyens violens ne les intimidaient pas. M. le comte de Montlosier ne leur cède en rien en témérité. Il accuse l'assemblée pour ne pas s'être levée avec indignation contre M. Royer-Collard, et pour n'avoir pas envoyé l'orateur *cuver pendant un bon mois*, *dans la solitude d'un château fort*, *son admirable révolution* (*). Si jamais le côté droit se peuple de Montlosier qui ajoutent les *basses fosses* à la *clôture* et *aux voix*, je laisse à penser ce que deviendra la liberté de la tribune, la minorité et l'opposition. »

(2) N° 314, *du 10 novembre 1822*.

» La baisse continue et les craintes n'ont pas cessé. Hier encore on ajoutait de nouveaux motifs de terreur à tous ceux qu'on avait répandus la veille. On disait que les diplomates de Vérone avaient donné à leurs agens l'ordre de vendre en toute hâte les rentes qu'ils possèdent en France. Il serait assez étrange de voir ce qu'on appelle communément des hommes d'état, ne pas vouloir être les dupes de leur propre politique, profiter du mystère dans lequel ils préparent notre avenir, s'y soustraire pour leur compte personnel, et le laisser peser tout entier sur des capitalistes, sur des rentiers, sur des commerçans, sur des propriétaires, qui, étrangers à tous les secrets de la diplomatie, ne peuvent profiter de toutes les chances heureuses qu'elle offre à la fortune et à l'ambition, et qui cependant sont contraints de supporter toutes les pertes que cette diplomatie juge à propos de leur faire éprouver.

» Un poste qui, avec la guerre, deviendrait glissant, c'est celui de ministre des finances. Je ne sais comment un fonctionnaire, à qui, sur toutes choses, on demande une prospérité continuelle, pourrait résister à la débâcle des fonds publics. Il résisterait avec d'autant plus de difficulté, qu'à côté des intérêts pécuniaires, qui exigent la paix, se trouvent des intérêts politiques qui paraissent désirer la guerre. Les uns la veulent parce qu'ils

(*) *Discours préliminaire*, page iij.

espèrent détruire toutes les constitutions qui ne remettent pas l'empire des peuples dans les mains de l'oligarchie ; il appellent ce genre de gouverne ment , le pouvoir absolu des rois ; mais ils savent trop bien , par expérience , que ce n'est autre chose que le pouvoir arbitraire de l'aristocratie européenne. Les partisans de la liberté , sans appeler la guerre , la verront arriver sans peine et peut-être avec plaisir ; eux aussi sont éclairés par une expérience qui leur a appris que le repos est mortel pour la liberté ; que c'est de l'attaque qu'elle tire sa force , et à la persécution qu'elle doit son triomphe. La guerre se présente donc comme une loterie inattendue avec des chances que chacun croit devoir être favorables à ses desirs. Mais il faut en convenir , le seul peuple qui, dans la lutte nouvelle , pourrait hasarder peu et gagner beaucoup, c'est l'Angleterre. Si dans ce congrès où quelques hommes décident du sort du genre humain , la Grande Bretagne se prononce en faveur des libertés, un seul mot peut lui donner le protectorat du Portugal , de l'Espagne et de la Grèce. Un seul mot peut lui donner une influence incalculable sur les peuples qui desirent leur indépendance, ou sur les hommes et les partis qui, dans les nations de l'Europe, demandent des constitutions libres et des garanties réelles. Si elle a le courage de se prononcer , si son ministère actuel est autre chose que le cadavre de Londondery , maîtresse tout-à-coup de l'Océan et de la Méditerranée , directrice de la partie méridionale de l'Europe , elle serait dans les temps modernes, ce que Carthage eut été jadis , si les Romains n'avaient pas existé.

» Quelque lecteur me demandera peut-être pourquoi j'ouvre à l'Angleterre un avenir que je ferme à la France. Avant de lui répondre je lui dirai qu'il n'était pas à la bourse d'hier un seul homme qui n'eût une réponse prête à cette question. Aucun ne prenait l'anxiété générale comme le résultat du congrès de Vérone : le mal vient de plus loin. Si la France fût demeurée sous l'empire de l'ordonnance du 5 septembre et de la loi du 5 février, l'Espagne se fût organisée selon ses besoins ; on n'eut pas jeté une épée étrangère dans la balance de ses intérêts intérieurs, les bandes de la foi n'eussent pas fait une entreprise de troubles et de massacres, la loyauté du roi Ferdinand n'eut été soupçonnée par aucun de ses sujets; le torrent eut suivi son cours , eut creusé son lit , et se fut reposé sous un régime constitutionnel. Par conséquent la France n'aurait pas aujourd'hui la perspective d'une guerre funeste, sans gloire , puisqu'elle est d'agression , sans être de conquête , sans résultat national , puisqu'elle est sans intérêt de commerce ou d'industrie ; la France n'aurait pas la crainte de voir la fortune publique bouleversée, les fortunes particulières détruites , les emprunts et les impôts augmentés , la mer fermée au commerce , l'industrie sans débouchés et l'agriculture sans ressources.

» Mais notre nouveau système électoral a donné la prépondérance à des hommes qui veulent , par-dessus tout et à tout prix , le triomphe complet et général de l'aristocratie sur les nations. Ces hommes ne voient pas ou ne veulent pas voir que l'agriculture n'a de valeur que par l'industrie ; l'industrie que par le commerce , le commerce que par le crédit. Ils ne voient pas que tuer le crédit public , c'est frapper du contre-coup tous les crédits particuliers ; que renverser la fortune publique , c'est pousser à la banqueroute toutes les fortunes particulières. Le sort des capitalistes, des rentiers, des commerçans, des manufacturiers, des laboureurs; c'est-à-dire, des nations entières, ne leur paraît pas digne d'entrer en balance avec les intérêts de l'aristocratie.

» Les contre - révolutionnaires espagnols ont vu tout de suite, car cela sautait aux yeux, que par le changement de notre système électoral, notre système politique devait nécessairement changer aussi. Il ont fait ce qu'on a vu ; les bandes de la foi ont forcé l'Espagne à mettre sur pied une armée constitutionnelle; leurs attaques ont rendu nécessaire l'alliance de l'Espagne et du Portugal ; leurs manœuvres ont fait éclater la journée du 7 juillet, leurs cris ont réuni la Sainte-Alliance, et la paix de l'Europe que rien ne semblait devoir troubler, va, si l'on en croit le bruit général, être de nouveau livrée aux hasards de la guerre. Le resultat de cette guerre est, je le répète, très-incertain ; car si les uns en attendent le triomphe du pouvoir absolu, les autres en espèrent la victoire absolue de la liberté. Mais quel que soit le parti que le succès favorisera, la France, par sa position géographique, et par son système intérieur, doit, si la paix est troublée, s'attendre à de grands sacrifices d'hommes et d'argent pour soutenir son agression, si cette agression a lieu ; elle doit s'attendre à la perte certaine de toutes les richesses qu'elle doit à la tranquillité, et ne peut rien espérer d'une invasion en Espagne, puisque cette invasion n'aurait lieu que pour la restauration d'un trône qui n'a pas été renversé.

» Sans doute si nos colléges électoraux nous avaient donné ou avaient pu nous donner des hommes opposés de principes, à ceux qui suivent le système actuel ; si la loi du 5 février était encore en vigueur; si elle nous envoyait encore des élus appartenant à l'industrie, au commerce, aux intérêts réels et généraux, nous n'en serions pas où nous sommes : la tranquillité et la fortune publiques reposeraient sur des bases plus fermes. La rente n'aurait pas baissé ; la sécurité des citoyens n'eût pas été troublée, et l'on n'aurait pas besoin de faire des vœux pour la paix, puisque personne n'aurait fait fermenter les élémens de guerre. »

Nota. *Cet article est inculpé ici depuis le deuxième alinéa commençant par ces mots :* Un poste qui avec la guerre, *jusqu'à la fin. Il est encore inculpé à la quatrième partie du réquisitoire, pour ce deuxième alinéa seulement, depuis ces mots :* un poste, *jusqu'à ceux - ci :* pas existé. *Voyez le réquisitoire page* 24, *et plus bas le renvoi* (71) *page* 114.

(3) *N*° 339, *du 5 décembre* 1822.

« Nous faisons de rapides progrès dans la science du gouvernement représentatif, dans le respect pour les lois, pour les droits des électeurs et pour les prérogatives de la chambre. Le parti qui a obtenu l'avantage dans les élections, n'est point encore satisfait du succès que lui ont valu les moyens qu'il a mis en œuvre. On a nommé quelques députés qui lui déplaisaient, et dès-lors il n'est pas de calomnies ni d'outrages auxquelles n'aient été en butte les électeurs qui ont usé librement du droit que leur confère la Charte. Les lois qui consacrent le secret des votes, qui défendent de recher-

cher, d'inquiéter, d'insulter les citoyens à l'occasion des votes qu'ils ont émis,
n'ont pu protéger les électeurs de Meaux et de la Vendée contre les attaques
d'un parti qui compte la loi pour rien. Aujourd'hui ses prétentions vont
plus loin: il ne se croit point assez vengé par les injures qu'il a prodiguées
aux électeurs rebelles à ses volontés, il faut que les choix qui lui déplaisent
soient annulés, et que la chambre élective, docile à ses volontés, s'attribue le droit de casser les élections faites conformément à la loi. Le *Drapeau
Blanc* publie aujourd'hui, d'après la *Ruche d'Aquitaine*, une lettre écrite
par une *société de vrais royalistes*, dans laquelle on remarque le passage suivant :

« Que les Bordelais se réunissent pour adresser à la chambre des députés
» une pétition contre l'élection faite dans les arrondissemens de Fontenay
» et des Sables, et par laquelle ils demandent que M. Manuel soit déclaré
» *indigne de siéger à la chambre* pour les paroles outrageantes qu'il a pro-
» férées dans la dernière session. Nous motiverons son exclusion, non sur
» des défauts de forme, mais sur le choix en lui - même. Si quelques es-
» prits trop scrupuleux craignaient de voir la chambre outre-passer ses
» pouvoirs, nous rappellerons que Grégoire fut expulsé de son sein, non
» pour vice d'élection, mais pour cause d'*indignité*. »

» Il est fâcheux, sans doute, que la chambre ait fourni de pareilles armes
à ceux qui prétendent faire plier les lois au gré de leurs passions, et qu'en
lui demandant la violation d'un principe sur lequel repose tout le gouvernement représentatif, ils puissent s'autoriser d'un exemple donné par elle-
même. L'exemple a profité comme on voit, et il ne tiendra pas à quelques
fanatiques qu'il ne se renouvelle toutes les fois qu'une élection indépendante enverra de loin en loin à la chambre un défenseur des libertés publiques.

» Il est facile de voir le régime que de pareilles démarches tendent à établir. Les pétitions, les protestations que l'on invoque ne seront pas diffi-
ciles à obtenir, et bon nombre de fonctionnnaires croiront ne pas pouvoir
se dispenser de les signer ; car lorsqu'on ne peut conserver sa place que
moyenant du zèle, aucun moyen de montrer ce zèle n'est à négliger. On se
rappelle l'accueil qu'ont reçu des pétitions qui demandaient le maintien
d'une loi ; ceux qui proposent d'en faire pour demander la violation des
lois, paraissent espérer plus de succès. Ces pétitions une fois accueillies,
nous verrons un nouveau pouvoir s'élever dans la société (*). Il se formera
dans les départemens des *sociétés de vrais royalistes*, espèces de clubs
exclusivement composés de tous les gentillâtres qui ne sont pas encore
pourvus, de tous les gens zélés qui espèrent de l'avancement, des places ou
des pensions. Ces clubs royalistes examineront en dernier ressort les élections faites par chaque série, confirmeront celles qui seront dans leur
sens, et annuleront les autres. Ils feront ensuite part de leurs décisions au
ministère et à la chambre, qui devront s'y conformer sous peine d'encourir
leur indignation. C'est ainsi que seront sanctionnés les droits que la Charte
a conférés aux électeurs, et l'indépendance du pouvoir législatif. Nous

____

(*) L'inculpation ne commence qu'ici.

verrons renaître le temps où les clubs dominaient tous les pouvoirs de la société, et les hommes qui tendent à ramener cette époque, montrent déjà par leur langage qu'ils en ont fidèlement conservé les traditions.

» Tel est l'avenir que préparent à la France des hommes qui, chaque jour, se montrent plus impatiens du frein des lois, et qui semblent décidés à ne pas s'arrêter qu'ils n'aient fait disparaître jusqu'au dernier vestige des libertés publiques. »

(4) *N° 349, du 15 décembre 1822.*

« Les journaux sont à la paix, la bourse à la hausse, l'esprit public fait effort pour reconquérir quelque sécurité ; car l'opinion des peuples ressemble à l'océan dont le calme est l'état naturel, et qui cherche à le rétablir en dépit des puissances malfaisantes qui déchaînent les vents, les orages et les tempêtes.

» Les pacifiques rédacteurs des journaux qui prêchent la guerre, gens qui prennent la plume pour dire aux autres de prendre les armes, gens qui gagnent leur argent sans risque et au coin de leur feu, en conseillant aux dupes qu'ils peuvent trouver, d'aller se faire tuer dans les neiges des Pyrénées ; ces bonnes gens, tout confits, comme on sait, de dévotion et de royalisme, ont déjà mis leurs opinions à la baisse ; l'héroïque fièvre qui les faisait trembler depuis six mois, commence à perdre de son intensité depuis que le congrès de Vérone refuse de se battre pour eux ; et ils cherchent à se rapatrier avec la paix et avec la constitution d'Espagne, depuis qu'ils sont assurés qu'ils ne peuvent plus faire la guerre par procureur.

» Toutefois, ces gens de lettres comptent encore quelques gendarmes qui veulent, coûte qui coûte, chasser la paix de l'Europe. M. l'abbé de la Mennais et ses collègues du *Drapeau Blanc*, veulent qu'on se batte pour la plus grande gloire de Dieu : jamais le *Drapeau Blanc* n'avait été d'humeur si guerroyante que depuis qu'il croit que la guerre n'aura pas lieu ; il lui faut de la *chair à canon*, et il ne lui en faudra pas peu sans doute, car on se souvient que nous en avons fait en Espagne une consommation assez effrayante. Mais à la guerre ce n'est guère que le peuple qui fournit la matière première, et le peuple n'étant pas gentilhomme, on peut le faire tuer sans conséquence. Cent ou deux cent mille vilains de plus ou de moins sont de peu d'importance pour les coryphées du *Drapeau Blanc*.

» Les partis qui divisent la France, désunissent aussi tous les états du continent. Partout les journaux libéraux ont fait une sainte alliance en faveur de la paix ; ils n'ont eu besoin, pour s'entendre, ni de congrès, ni de traité. Le bonheur des peuples étant leur premier vœu, ils ont unanimement éclaté contre la guerre. Les journaux des diverses trésoreries de l'Europe ont tous pris des routes différentes ; mais, il faut rendre justice à qui elle est due, aucune des feuilles ministérielles étrangères ne s'est mise en opposition avec l'intérêt et la gloire de son pays. Ce triste spectacle était réservé pour la France, où quelques hommes ont pris à tâche de n'être jamais du parti du sens commun.

» En effet, les journaux russes demandaient que la France fît la guerre à l'Espagne ; et s'ils avaient tort pour nous, ils avaient raison pour la Russie. En occupant le midi de l'Europe par une invasion dans la Péninsule, l'empereur Alexandre était libre de se porter sur la Turquie et de réunir la Grèce à son vaste empire. Il est vraisemblable que malgré, nos efforts, l'Espagne eût été perdue pour nous ; mais la Grèce et le commerce de la Méditerranée eussent été gagnés pour l'empereur.

» Le *Courier* de Londres veut encore la guerre, et cela se conçoit aussi. Du moment où une guerre éclatera sur le continent entre le pouvoir absolu et la liberté, l'Angleterre se trouvera par la force des choses l'arbitre de l'Europe ; elle acquerra, du moment où la paix sera troublée, le despotisme des mers et le monopole du commerce des deux mondes. Tant que l'harmonie des puissances du continent a été conservée, qu'était l'Angleterre ? Quel rôle a-t-elle joué dans les divers congrès ? Ne semblait-elle pas hors de la Sainte-Alliance ? On menace de sonner le tocsin, aussitôt la Grande-Bretagne devient prépondérante : elle divise avec adresse les divers cabinets, elle fait rejeter tout le fardeau de l'invasion de la Péninsule sur la France seule, et aujourd'hui elle cherche à nous attirer au-delà des Pyrénées. Le *Drapeau-Blanc* est seul assez aveugle pour ne pas voir le piége. L'Angleterre nous a déjà enlevé tout le commerce de l'Amérique, elle fonde sur nos tentatives l'espoir de chasser notre industrie de l'Espagne et du Portugal ; et comme elle sera la maîtresse de prolonger les résistances, elle alimentera nos succès et nos revers, afin que l'Espagne devienne ce qu'était l'Italie avant la révolution, *le tombeau des Français.*

» Mais nous, insensés que nous sommes, qu'avons-nous à gagner à cette guerre ? Fussions-nous vainqueurs, comment nous maintenir dans la Péninsule ? Si nous sommes vaincus, n'aurons-nous pas appris à l'Espagne et au Portugal comment on traverse les Pyrénées ? Parce qu'on passe les lettres au vinaigre, nous voulons passer les idées libérales à la poudre à canon. Mais les idées libérales ne sont rien par elles-mêmes : la révolution des Deux-Siciles en est la preuve. Tant vaut un peuple, tant vaut sa constitution ; les idées ont une valeur réelle en Espagne, en Portugal, en Grèce, dans les deux Amériques : les peuples qui ont peur sont disposés à faire tout ce qu'on veut ; les peuples qui savent mourir ne font que ce qui leur plaît. Le cardinal Dubois avait une armoire pleine de papiers ; il avait écrit sur la porte *projets de têtes fêlées* : il faudrait mettre le projet de la guerre d'Espagne dans l'armoire du cardinal Dubois.

» Mais que feront le *Drapeau Blanc*, la *Quotidienne* et *tutti quanti ?* Qu'ils prennent leur quartier d'hiver, ils ont fait une assez belle campagne. Savez-vous ce que nous coûtent leurs hostilités, sans y comprendre l'armée de la Foi, qui ne court pas les grands chemins gratis ? Demandez-le à la bourse, au commerce, à l'industrie, à tous nos ports de mer. Je sais bien ce que pensent les gens que nous avons l'habitude de combattre. Les capitalistes et les manufacturiers sont libéraux, disent-ils ; leur ruine est un bien pour la bonne cause. Mais ces hommes ne sont pas comme l'aristocratie ; on ne les ruine pas impunément et on ne les ruine pas seuls. Une manufacture, un atelier dérange la fortune du propriétaire qui est obligé de suspendre ses travaux ; mais s'il ferme sa porte, ses ouvriers sont à la rue et sans pain. Les chefs d'industrie tiennent au peuple, ils le font vivre ; mais ils ne peuvent se passer de lui. Si l'on ferme un hôtel, il n'y a que deux familles en souffrance, le grand seigneur qui était dedans, et le suisse qui était à la porte ; fermez une manufacture, et mille ouvriers sont sans travail, et mille familles viendront frapper à l'Hôtel-Dieu. Que la guerre d'Espagne eût éclaté, et Paris seul aurait eu le lendemain cent mille ouvriers sur le pavé, n'ayant rien pour vivre, maudissant la guerre qui leur eût enlevé leur subsistance. C'eût été miracle que la paix intérieure n'eût pas été bouleversée à son tour, car la famine est turbulente et non sans motif. Qu'aurions nous fait avec une dette énorme, avec des impôts excessifs, sans argent, sans crédit, et une guerre sur les bras ? Qu'aurions-nous fait en France de tout ce peuple que l'industrie fait vivre ? Ce n'est que du peuple, me dira-t-on ; oui, mais ce peuple c'est la France ; et il est fier d'être Français. Demandez à ce vieillard, il était à la prise de la Bastille : demandez à ce jeune homme ; il était à Austerlitz.

» Mais l'Angleterre, dit-on, a aussi éprouvé des pertes par ces clameurs de guerre : il est vrai ; mais *the Courier* est plus habile que le *Drapeau Blanc.* Allez dans nos ports de mer, vous verrez que tous nos armateurs se font assurer en Angleterre. La prime est de trente-cinq pour cent, et déjà on porte les assurances à cent millions. Vous voyez que tout n'est pas perte pour l'Angleterre. Si la guerre éclate, les vaisseaux arriveront ou n'arriveront pas ; s'il arrivent, les Anglais gagnent sur nous trente-cinq pour cent ; s'ils n'arrivent pas, comme ils auront été pris par leurs corsaires, ils gagneront sur nous soixante-cinq pour cent. Comme ils sont à plaindre, ces pauvres Anglais !

» Quel commerce, quelle industrie peuvent tenir à de pareilles pertes ? Comment soutenir la concurrence ? Quel chef de manufacture ne serait forcé d'y renoncer et de renvoyer ses ouvriers ? Nous sommes le seul peuple d'Europe qui fasse la guerre avec des pertes immenses et sans la plus légère compensation. Je me trompe ; nous aurions pour nous consoler les belles paroles de M. l'abbé de la Mennais, et les déclamations du *Drapeau Blanc.*

(5) N°. 1er. *du* 1er. *Janvier* 1823.

« Au moment où l'année finit, recherchons dans ce qu'elle a produit ce qu'elle présage ; voyons où nous en sommes et ce que nous deviendrons, car la science de l'avenir n'est pas autre que celle du passé. L'année 1822 a été féconde en événemens plus significatifs encore qu'ils ne sont grands. En France, un parti a commencé par envahir le pouvoir, et s'est divisé ensuite sur l'emploi qu'il fallait en faire ; la victoire a été pour lui le signal d'une guerre intestine, et l'année qui s'est ouverte par un changement de ministère, finit par un mouvement ministériel. Les divisions qui, en France, éclatent entre les dominateurs, se montrent en Europe entre les cabinets ; un congrès ne peut pas plus concilier les uns que le ministère les autres, et la Sainte-Alliance paraît aussi sur le point de donner sa démission.

Outre ces faits généraux de la France et de l'Europe, de la politique intérieure et de la diplomatie, il y en a d'autres qui tiennent à ceux-là, et qui ont donné à l'année 1822, une bien grande importance. L'héroïque insurrection de la Grèce et les événemens d'Espagne sont de ce nombre. Par eux, l'Europe qui paraissait avoir fait halte s'est remise en mouvement; une situation qu'on réputait éternelle, est changée; des intérêts qu'on croyait semblables parce qu'ils étaient alliés, se trouvent opposés et ennemis, et l'Orient met les cabinets en présence, de même que l'Espagne y met chez nous les deux fractions du parti aristocratique. Enfin, comme s'il ne suffisait pas de la grande mortalité des choses, cette année nous présente encore celle des hommes. MM. de Richelieu, de Castelreagh, de Hardenberg, dont l'influence avait été si grande sur l'ancien système, finissent en même temps que lui. A la vérité la mort de deux de ces ministres n'a été qu'une rencontre avec les événemens, mais celle de lord Castelreagh en a été la suite. Si les autres sont morts avec leur système, lui a péri par le sien. Passons rapidement en revue ces mémorables changemens et leurs causes.

» Il est des époques où la marche des choses s'accélère, et l'époque de 1822 est de ce nombre. Sans vouloir faire de la géométrie en politique, on pourrait appliquer aux événemens la loi que les savans appliquent aux distances. Plus on avance, plus le mouvement devient rapide, et l'accroissement de vitesse quadruple les résultats dans le gouvernement, comme il quadruple les intervalles de séparation dans le monde physique. Par exemple, en janvier 1822, la tendance contre-révolutionnaire est devenue beaucoup plus prononcée par le changement de ministres. Jusqu'à cette époque la marche du gouvernement était si lente, qu'on l'accusait d'être immobile. C'est qu'on avait renouvelé le système sans changer les hommes, et pour ainsi parler, le char n'était pas fait pour les coursiers. Mais dès-lors le système a eu les hommes qui lui convenaient, et le char a roulé d'une manière rapide. Aussi les mesures qu'on a prises ont été hardies; les résultats qu'on a obtenus, nombreux; et l'espace qu'on a franchi, immense.

» L'administration a été exclusivement occupée par un parti, et les lois ont été faites d'après ses vues et dans ses intérêts. Les moyens de publicité par les journaux qui sont la sauve-garde des institutions, ont été soumis à *loi des tendances* qui peut les interdire dès que le parti aura besoin d'un silence universel. On a restreint les moyens de défenses dans les délits de la presse, par la loi qui en transporte le jugement, des jurés aux cours royales. On a adopté dans le gouvernement un système aristocratique, dans l'université l'influence sacerdotale, et les chambres sont devenues le domaine d'un parti, parce que les colléges électoraux ont été changés en succursales de l'administration. Mais cette année a été surtout remarquable par un vaste placement d'hommes. On a voulu que tout devint instrument ou dépendance du pouvoir. Pour parvenir à ce but, des fonctionnaires privés ont perdu leurs charges, des libraires leurs brevets, des professeurs ont cessé leurs cours, et l'on est allé des hommes publics aux particuliers, tout comme après avoir mis les libertés à l'index, on a fini par y mettre les livres.

» Telles ont été les opérations faites en commun par le parti aristocratique. Mais ses progrès ont contribué à son exaltation; car plus on obtient plus on desire. Encouragé par le résultat de deux sessions consécutives, par un triomphe électoral qui augmente sa force numérique dans la chambre, et dès-lors, ses espérances; enhardi par des conspirations qui, vraies ou fausses, exaspèrent toujours les partis ou leur servent de prétexte; importuné du voisinage d'une révolution qui l'irrite encore plus qu'elle ne l'effraie; il a voulu marcher plus vite, frapper plus fort, et la division a éclaté dans son sein. Il s'est partagé en deux classes, dont l'une veut exécuter sur-le-champ ses projets aristocratiques, et dont l'autre veut les réaliser avec prudence, c'est-à-dire avec lenteur; dont la première veut détruire les résultats de la révolution en France, combattre la révolution en Espagne, et dont la seconde comprend les difficultés et redoute les périls de cette double entreprise. Depuis lors les clairvoyans et les aveugles, les adroits et les impatiens, ou, comme ils se sont appelés eux-mêmes, les politiques et les fanatiques, n'ont cessé de se combattre et se combattent encore. Les uns et les autres ont eu leurs ministres en France, leurs plénipotentiaires à Vérone, et depuis plusieurs mois leur lutte a été mêlée de revers et de succès. Sur les frontières d'Espagne, les uns ont obtenu que le cordon serait changé en armée, les autres qu'on ferait des préparatifs sans faire la guerre; dans le congrès, les uns ont obtenu l'intervention, les autres ne l'ont pas réalisée; enfin, dans le conseil, le ministre que les partisans de la guerre avouent pour leur chef, a été pourvu d'un duché en récompense de sa conduite diplomatique, et il a été contraint de donner sa démission par le ministre qui veut la paix. Ce dernier se trouve, il est vrai, dans une situation singulière et qui ne saurait durer; il satisfait d'un côté ceux qu'il combat de l'autre; il les mécontente sans les affaiblir, et il les supplie en les frappant. M. de Villèle voudrait bien ne pas poursuivre et ne pas rétrograder, ce qui n'est pas possible. Sa position l'empêche d'être constitutionnel, sa raison, d'être fanatique, et il se trouve pourtant bien d'être ministre. Mais aujourd'hui il faut, pour garder le pouvoir comme pour l'acquérir, appartenir à une opinion et satisfaire un intérêt : il faut être ultra, libéral, ou rien (*).

» Si nous passons de la France à l'Europe, nous trouverons des dissensions encore plus importantes, produites par les mêmes causes. Au commencement de 1822, l'Allemagne était dépendante, l'Italie occupée, les cabinets unis, et la Sainte-Alliance toute-puissante encore. Mais la Grèce et l'Espagne ont relâché les liens de la communauté européenne, et occasionné, selon toute vraisemblance, la ruine du système qui la régissait. Il n'était guère possible qu'il en fût autrement, dès que les intérêts, de communs deviendraient contraires. Aussi, dans cette mémorable année, l'isolement a succédé à l'accord, et les cabinets paraissent avoir abandonné les maximes de la Sainte-Alliance pour revenir à l'ancien droit des gens. L'insurrection d'Orient en a été la cause réelle, et la conduite à tenir vis-à-vis de l'Espagne en a été l'occasion.

(*) L'inculpation s'arrête ici.

» Nous ne reviendrons pas sur les motifs qui nous ont paru diriger les puissances depuis la coalition jusqu'à ce jour, nous en avons souvent entretenu nos lecteurs, et nous les renvoyons au numéro d'hier. Mais il n'est pas inutile de rappeler en quelques mots l'influence que la guerre d'Orient a exercée sur la diplomatie et les résultats du congrès de Vérone si différens de ceux des autres congrès.

» L'insurrection de la Grèce a mis en présence la Russie et l'Angleterre parce qu'elle a mis leurs intérêts en opposition. La Russie, comme l'a si heureusement dit l'auteur des Lettres de Saint-James, *veut la mer et du soleil.* Aussi le cabinet de Londres s'est épuisé en efforts au printemps dernier, pour que la rupture n'éclatât point entre la Russie et la Porte, parce que la rupture est pour la Russie la conquête, pour l'Angleterre la perte de sa prépondérance. Mais cette lutte n'a été qu'ajournée : c'est ce que le ministère britannique redoute et ce que tout démontre. Soit hésitation, soit calcul, le cabinet de St-Pétersbourg n'a pas profité de l'occasion, ou bien il a attendu des circonstances plus favorables. L'intervention en Espagne peut conduire à l'intervention en Orient, et les embarras de l'Europe permettre l'envahissement de la Turquie. C'est pour cela sans doute que le nouveau ministère anglais agit dans un sens opposé au ministère ancien. Il se montre dans les congrès dont l'autre s'était retiré, et il paraît disposé à soutenir les peuples que l'autre avait abandonnés, à délivrer la Grèce que l'autre avait combattue. Sa politique lui conseille de prendre pour alliés dans cette guerre de suprématie, ceux que la Russie aura pour ennemis, puisque celle-ci n'attaque les constitutions que pour s'agrandir, ne veut protéger les Grecs, comme elle l'a fait des Polonais, que pour les soumettre, l'intérêt de l'Angleterre est de défendre les constitutions et d'affranchir les Grecs.

» C'est au congrès de Vérone que devaient se résoudre toutes les difficultés de l'Europe. Aucune assemblée diplomatique n'a été depuis longtemps plus brillante et plus complète, et aucune n'a été aussi peu décisive : c'est que les plénipotentiaires étaient réunis pour se contredire, et non pour s'accorder ; aussi n'en est-il résulté aucune mesure générale. On a permis l'intervention sans la soutenir, et toutes les puissances ont décidé que chacune d'elles agirait désormais à sa guise. Ce congrès paraît être la clôture de la Sainte-Alliance.

» Dans ce que nous venons de dire, nous n'avons pas parlé des peuples. Depuis quelque temps ils ont été mis hors de cause ; ils sont patiens, et non acteurs dans les grandes questions qui s'agitent sur eux et sans eux. A part l'Angleterre où la nation oblige ses ministres à agir dans le sens de ses intérêts, et son roi, à choisir des ministres contre ses propres goûts ; à part la Grèce, où des esclaves de quatre siècles montrent l'héroïsme et la constance de leurs libres et de leurs glorieux ancêtres ; à part la Péninsule qui veut être constitutionnelle, et qui le sera, car elle semble profiter de l'expérience de ses prédécesseurs en révolution ; enfin à part le nouveau monde, qui complète son indépendance coloniale, les peuples sont comptés ailleurs pour peu de chose. En France le triomphe du parti aristocratique a mis la nation à l'écart, et en Europe la Sainte-Alliance a exclu les peuples des gouvernemens. Mais ces deux systêmes ont eu aussi d'autres résultats qui pourront être favorables à ceux auxquels ils ont été d'abord nuisibles, la désunion en France des dominateurs, en Europe des cabinets. L'année 1822 a été témoin du désaccord, il est probable que l'année 1823 sera témoin de la lutte. C'est le cas de dire plus que jamais le temps présent est gros de l'avenir. »

(6) *N° 24, du 24 janvier 1823.*

« M. Tixa, avoué et adjoint à la mairie de Céret, s'est chargé, par la voie de l'*Étoile*, de défendre M. le maire de cette commune contre la plainte des héritiers Villanove. Après avoir raconté les faits à sa manière, il termine son article par cette considération très-puissante : « L'é-
» charpe municipale, dit M. Tixa, est, ainsi que celle du magistrat su-
» périeur de l'arrondissement, entre les mains d'individus qui, il y a
» trente ans, se sont trouvés dans les mêmes circonstances où se trouvent
» aujourd'hui ces infortunés, que M. Villanove se plaît à décorer du titre
» de brigands. Chassés de leur patrie pour la cause de l'autel et du trône,
» les administrateurs actuels de Céret trouvèrent alors, sur le sol espa-
» gnol, patrie de ces prétendus brigands, un refuge, un asile et les se-
» cours nécessaires, etc. » (*) La sympathie qui existe entre les émigrés français et les soldats de la Foi peut être très-louable dans son principe : mais si MM. les anciens émigrés, aujourd'hui devenus administrateurs, veulent être reconnaissans, qu'ils le soient à leurs propres dépens ; ils devraient être jaloux de la gloire d'acquitter seuls une dette qu'ils ont eu seuls l'honneur de contracter, et ne pas souffrir que des profanes libé-raux participent à un acte aussi méritoire ; que ces administrateurs se rappellent qu'il y a en eux deux personnes différentes, savoir celle d'ancien émigré et celle de fonctionnaire public. Les souvenirs que peut leur rappeler cette première qualité ne doit pas leur faire oublier les devoirs que leur impose la seconde. »

(7) *N° 25, du 25 janvier 1823.*

Prémices de la guerre.

« Nous n'avons pas encore la guerre, et déjà elle étend ses ravages sur toutes les places de l'Europe : Londres, Amsterdam, Francfort, Vienne, sont frappés comme l'est Paris ; le mal va s'accroissant, se généralisant ; où s'arrêtera-t-il, quelles seront son intensité et ses bornes ? Ceux mêmes qui le causent l'ont-ils calculé, peuvent-ils le dire ? La civilisation moderne ayant créé une existence commune à tous les peuples, ce qui frappe l'un, atteint l'autre ; le monde n'est plus qu'une chaîne dont le dernier anneau tient au premier. Les abbé de La Mennais, les Achille de Jouffroi, ces or-

---

(*) L'inculpation ne commence qu'ici.

ganes officiels de la haute aristocratie à laquelle l'Europe va devoir la nouvelle série de malheurs qui la menacent, ont-ils jamais songé à la quotité de l'impôt dont l'Europe est déjà chargée.

» (*) Sous le ciel serein de la paix, la rente était à 94; elle marchait vers le pair, ou 98 p. o/o : elle y fût arrivée. A la voix de l'aristocratie, l'horizon s'est chargé de nuages noirs et orageux; la rente est tombée à 77, tous les effets publics ont suivi la même progression décroissante. La banque de France a perdu plus de 150 fr. par action, les bons espagnols, les fonds de Naples, les 3 pour cent anglais, ont fléchi. L'Autriche va voir ses chères métalliques perdre une partie de leur prix. Dans peu de jours, mais seulement alors, lorsque la chute de la rente sera connue en Angleterre, en Hollande, à Francfort, on pourra juger de la profondeur du mal. Il faut le calculer par la totalité des effets circulant en Europe. En cas de guerre, il y de la modération à fixer la rente à un taux commun de 70 fr., elle valait 94, la perte est donc de 24 ou le 1/4 de de la totalité de la rente, qui évaluée à 3,400,000,000 f., donne un déchet total de 850,000,000 fr.; faites l'application de ce calcul, dans des proportions relatives, à la totalité des effets publics de l'Europe, et vous trouvez un déchet de plusieurs milliards sur la propriété des habitans de l'Europe. Voilà le premier bienfait de la guerre tant prônée par le parti fanatique.

» Mais, croyez-vous que cette dépréciation des fortunes, créées par le travail, l'industrie, le crédit public, c'est-à-dire, la civilisation, soit pour ce parti un sujet de réflexion ou de douleur? Au contraire, c'en est peut-être un de joie. C'est à tout cela qu'il en veut : au commencement des états-généraux, l'aristocratie, étrangère à la marche du temps, disait que tout serait arrangé en faisant *banqueroute*. Son habitude n'est pas plus d'oublier que d'apprendre : elle en est encore là. Pour elle, un porteur d'effets publics, un homme qui lie sa fortune à celle de l'état, n'est qu'un *agioteur*. Il n'y a de richesse véritable que *celle de la terre* : les majorats, les substitutions, les seigneuries sont le fonds de son code. Toutes ses doctrines tendent à les relever dans l'opinion, comme à rabaisser la propriété industrielle. La banqueroute générale de l'Europe ne lui paraîtrait qu'un holocauste offert à la solidité de ses pensées : ce qui ferait reculer d'effroi une partie de la population européenne, la ferait sourire, comme le moyen le plus assuré de la débarrasser d'une rivale qui, trop long-temps, l'a retenue humiliée au pied de son ancien trône. C'est ainsi qu'il lui serait plus agréable d'y remonter, parce qu'elle s'y regarderait comme mieux affermie par le naufrage général de son ennemie. Que l'on ne s'y méprenne pas; les désastres du crédit public sont indifférens à une certaine classe de l'aristocratie, peut-être même sont-ils pour elle un sujet de triomphe, parce qu'elle voit dans les fortunes provenant de cette source, un principe d'indépendance qui est incompatible avec son principe à elle, qui est la domination. Les bourses sont aussi ennemies de la féodalité, que les tribunes; les effets publics sont aussi favorables aux libertés pu-

(*) L'inculpation commence ici.

bliques que les chartes écrites, et cette partie de l'aristocratie que nous avons désignée plus haut, n'aime pas davantage les bourses que les tribunes, filles des chartes, et encore mieux des constitutions ; elle borne le monde à trois élémens : des *seigneurs*, des *curés* et des *paysans*. Hors de là, elle ne se reconnaît plus, et c'est le seul résultat de cette composition sociale qu'elle recherche dans la guerre dont elle va faire présent à l'Europe. »

(8) *N° 43, du 12 février 1823.*

» Tout est dit sur la guerre de l'Espagne, sur le droit, les motifs et les conséquences. Après des discours tels que ceux qui ont eu lieu en Angleterre et en France, il n'y a plus de place pour des répétitions fastidieuses et inutiles. La matière est épuisée ; répéter, n'est pas fortifier, mais affaiblir.

» Cependant un résumé de cette grave discussion peut encore avoir son utilité.

» Les athlètes principaux dans cette lutte ont été : M. de Talleyrand, lord Liverpool, le ministre Peel et M. Brougham. En Angleterre, la division ordinaire entre le ministère et l'opposition n'a pas eu lieu : en France, le parti ministériel à couvert sa défense du voile préparé par le secret des séances de cette nature ; on peut croire qu'il ne l'a pas trouvé défavorable à sa logique.

» Quel est en définitive le résultat de cette dicussion ? le voici :

» 1° Le renouvellement de la déclaration que l'Angleterre fit contre le droit que s'arrogeait le congrès de Troppau d'intervenir dans les affaires des nations étrangères.

» 2° La proclamation faite par l'Angleterre que le cas qui légitime cette intervention n'a pas lieu pour la France, à l'égard de l'Espagne.

» 3° *Que l'Espagne a eu le droit de se donner une constitution.*

» 4° *Que Ferdinand n'a pas le droit de la renverser par la force des armes, et qu'il lui avait été conseillé de se borner à l'améliorer.*

» 5° Que la révolution espagnole a été marquée par moins d'excès que tout autre révolution.

» 6° Que l'Angleterre n'admet point le principe que les peuples ne peuvent tenir leurs institutions que des rois.

» Comme on voit, on ne peut démentir plus directement ni plus complètement tout ce qui s'est dit en France ; de plus, il faut noter plusieurs choses vraiment remarquables.

» M. de Talleyrand et lord Liverpool, ces deux Nestor de la diplomatie européenne, appartiennent à des écoles et à des pays accoutumés à voir tous les objets sous un aspect différent. Sûrement dans cette occasion ils ne s'étaient pas concertés, et ils ont dit les mêmes choses ; de son côté le président des États-Unis ne s'était point entendu avec lord Liverpool, et il a qualifié la révolution d'Espagne comme l'a fait le ministre de la Grande-Bretagne. La conformité entre des personnages si graves, séparés d'ailleurs par tant de distances de position et de lieux, n'est-elle pas la preuve de cette évidence, qui commande avec la même force aux hommes de tous les pays et de tous les partis.

» Maintenant il faut se demander quel sera sur l'Europe l'effet d'une opposition aussi doctrinale, aussi solennelle? que produira sur elle le spectacle du mouvement de la nation anglaise? Ceux qui appellent à si grands cris depuis plusieurs années une guerre anti-sociale, avaient-ils prévu ce résultat inévitable? Quelle idée se font-ils donc de la civilisation moderne? pouvaient-ils douter que cette grande question ne devînt l'occupation de l'Europe; que hors de l'aristocratie, elle ne fût décidée par acclamation contr'eux, que soulever des questions d'ordre social, est inviter tout le monde à s'en occuper, et qu'il en sera d'elles comme des questions religieuses qui, une fois soulevées au temps de la réformation, amenèrent en controverse tout le système de la catholicité. L'aristocratie s'est-elle demandé ce que c'est que d'entreprendre une guerre au milieu de la désapprobation de l'univers? Quand elle s'est précipitée la tête baissée dans cette entreprise, contente de regarder devant elle, avait-elle suffisamment assuré ses derrières? M. de Talleyrand l'a dit avec raison, l'aristocratie séparée des pouvoirs publics n'est rien : elle les fait servir contre les vœux publics, et couvre ceux-ci par des cris mensongers et par des images fantastiques. Quel sera le résultat de tout ceci? le voici.

» 1° D'avoir passé à l'Angleterre le rôle qui appartenait à la France, celui d'être la tutrice des droits du genre humain. Rôle superbe, et qu'aucun autre ne peut remplacer.

» 2° Que l'alliance de l'Espagne, qui était l'apanage naturel de la France, va devenir celui de l'Angleterre : qu'ainsi périra l'ouvrage de Louis XIV, et sera rétabli l'état qui subsistait entre les deux pays sous la dynastie autrichienne.

» 3° Que le ministère anglais sera entraîné dans la guerre par le poids de la nation; que jamais guerre n'aura été plus populaire. En Angleterre, le gouvernement règle sa marche sur l'esprit de la nation, et n'a point la prétention de faire de sa marche l'opinion de la nation.

» 4° Que l'opinion manifestée par le peuple anglais doublera l'énergie du peuple espagnol et les dangers de ceux qui l'attaqueront; on verra l'Angleterre faire pour l'Espagne ce qu'elle fit pour l'auguste orpheline Marie-Thérèse, attaquée par des voisins cupides; le théâtre fut couvert des dons des spectateurs en faveur de cette intéressante princesse.

» 5° Qu'une guerre générale s'allumera probablement en Europe; lord Liverpool l'a dit itérativement.

» 6° Que la guerre avec l'Angleterre fera perdre à la France les débris de ses anciennes colonies, et les essais des colonies dans lesquelles la France aura semé pour que d'autres moissonnent.

» 7° Que les améliorations financières, fruit de nos sueurs et de nos privations, iront s'engloutir dans le gouffre de la guerre, et dans les champs de l'Espagne, au lieu de féconder les nôtres.

» *Que de maux! et à qui seront-ils dus? A l'ascendant pris dans quelques cabinets par des intérêts de caste. Chaque guerre a son nom propre, celle-ci doit s'appeler la guerre de l'aristocratie. Quand les malheurs se-*

ront arrivés, elle ne se plaindra pas de n'avoir pas été avertie. Sans ses doctrines, on s'embrasserait de Pétersbourg à Cadix; avec ses doctrines il est à craindre que l'on ne s'égorge de Cadix à Pétersbourg. Voyez ce que dit lord Liverpool.

Nota. Les passages en caractères italiques sont les seuls inculpés : le deuxième, à la première partie du réquisitoire, et le premier, à la deuxième partie. Voyez le réquisitoire page 10, et plus bas le renvoi (22) page 69.

(9) *N° 49. Du 18 février 1823.*

« La situation où nous nous trouvons alarme tous les esprits doués de quelque justesse et de quelque prévoyance ; les hommes mêmes les plus disposés à la confiance, ne peuvent se défendre de l'inquiétude générale. Ainsi, depuis huit ans, M. Ganilh n'avait combattu que de son vote dans les chambres des députés, les attaques de la contre-révolution ; il avait cru que ce vote suffisait. « Mais, dit-il, à présent que le parti qui se dit royaliste, et qui n'est que contrerévolutionnaire, domine dans les conseils du roi, dans les chambres et dans l'administration, je manquerais à mes devoirs, je trahirais mes sermens, si je n'entreprenais la défense des intérêts de la révolution, que j'ai embrassés aux premiers jours de ma jeunesse, que je n'ai pas abandonnée même au pied de l'échafaud, et que je me suis engagé à défendre en bon et loyal député». Au milieu des circonstances pénibles où nous sommes, l'honorable citoyen élève donc sa voix patriotique ; il s'efforce de persuader ceux qui sont encore assez imprudens pour croire qu'on résiste aux nécessités publiques, et qu'on triomphe de la nature des choses. Tel est le but d'un ouvrage qu'il vient de publier (*), et où les besoins comme les périls du temps présent, sont signalés avec autant de franchise que de modération. Le but de la révolution française fut légitime, le peuple voulait obtenir des garanties auxquelles il avait droit de prétendre ; car, comme dit fort bien M. Ganilh, sans ces garanties, la société civile n'est qu'un long crime contre l'espèce humaine. Or, c'est à nous ravir ces garanties que s'applique la contre-révolution ; sans doute, elle n'y parviendra pas ; mais cependant la lutte est ouverte, et cette lutte alarme à bon droit tous les intérêts, car une contre-révolution n'est en réalité qu'une révolution nouvelle. Un homme dont les fanatiques ne récuseront pas le témoignage, car à coup sûr, il serait dans leurs rangs, s'il vivait encore, M. de Maistre a dit : « Que demandaient les royalistes lorsqu'ils demandaient une contre-révolution telle qu'ils l'imaginaient, c'est-à-dire faite » brusquement et par la force? Ils demandaient la conquête de la France; » ils demandaient sa division, l'anéantissement de son influence et l'avilissement de son roi ; c'est-à-dire des massacres de trois siècles peut-être, » suite infaillible d'une telle rupture d'équilibre. » (*Considérations sur*

(*) *De la contre-révolution en France*, ou de la restauration de l'ancienne noblesse et des anciennes supériorités sociales dans la France nouvelle, 1 vol. in-8°. Chez Béchet aîné, quai des Augustins, n° 57. Prix 4 fr. 50 c., et 5 fr. 50 c. par la poste.

la France , p. 24.) Lorsqu'un parti est réduit à de tels aveux, certes il nous a donné le droit de le craindre, et c'est pour nous un devoir de le combattre. Tous ses projets sont clairement dévoilés par M. Ganilh : il nous montre fort bien comment on voudrait écraser les supériorités individuelles au profit des supériorités sociales que 1789 a fait disparaître. Or, c'est là toute la querelle de la révolution qu'on recommence. Une des premières conditions pour arriver au rétablissement de ces gothiques supériorités est évidemment l'indemnité que l'on demande pour les émigrés. Mais quand la Charte a parlé, dit l'honorable député, il ne reste à des Français, émigrés ou non, qu'à obéir. Aucun n'a le droit de décider autrement qu'elle a décidé, ni de vouloir autrement qu'elle a voulu ; si les émigrés se constituent les juges des actes de la révolution, sans doute on permettra aux révolutionnaires de juger la conduite des émigrés : la guerre civile recommencera, et l'on immolera de nouvelles générations sur l'autel où tant de victimes ont péri. Est-ce là ce qu'on veut ? Dans une telle situation, accorder aux émigrés les indemnités qu'ils réclament, serait le comble de l'aveuglement et de la faiblesse. Après plusieurs autres considérations d'une égale importance, le publiciste se demande : Quelle est donc la ressource qui reste au parti contre-révolutionnaire pour effectuer la restauration de l'ancienne noblesse et des anciennes supériorités sociales ? La Sainte-Alliance se présente d'abord à sa pensée, et il s'étonne qu'elle ait pu se croire autorisée à intervenir dans les querelles des souverains et des peuples. Selon M. Ganilh, elle n'en a pas plus le pouvoir qu'elle n'en a le droit. Les souverains, dit-il, et à plus forte raison une confédération de souverains, ne peuvent apprécier que fort imparfaitement la situation des peuples, et connaître les changemens et les modifications qu'elle exige, soit dans l'état politique, soit dans l'état social. La voix des peuples peut seule faire entendre à leur souverain, des vérités utiles et provoquer de salutaires mesures. Dira-t-on que la Sainte-Alliance laisse à chaque souverain la faculté de faire à son peuple toutes les concessions qu'il juge utiles à sa prospérité et à son bonheur ? Mais qui ne voit toute l'illusion de cette espérance donnée aux peuples ? Si les rois ne sont en effet animés que du désir d'améliorer la condition de leurs sujets, qui ne sait qu'ils sont entourés de conseillers, de courtisans et de flatteurs intéressés à leur cacher la vérité, à les tromper, à leur faire redouter jusqu'à la prospérité publique? Et d'ailleurs croit-on qu'il soit sans inconvénient de se servir des secours de la Sainte-Alliance ? Déjà l'on doit s'apercevoir combien il est difficile et périlleux de gouverner les peuples éclairés et civilisés par la force des armes, et surtout par des armées étrangères. Qu'attend-on de ces armées ? Pense-t-on qu'elles changeront l'opinion des peuples qu'elles asservissent, et les feront renoncer au désir de recouvrer et de fonder leurs droits et leurs libertés ? Des soldats sont de pauvres précepteurs des vérités sociales; et, s'ils ne peuvent pas les empêcher de se faire jour, comment pourraient-ils réussir à les étouffer ? Ainsi, sous quelque rapport qu'on envisage les moyens de contre-révolution sur lesquels les révolutionnaires paraissent compter, il me semble, dit en terminant, M. Ganilh, que tous sont illusoires et imaginaires ? Toute contre-révolution est donc impossible, car elle n'a pas d'autre motif et d'autre objet que le rétablissement de l'inégalité des conditions , rétablissement absurde dans un pays où l'égalité sociale existe de fait , et où l'inégalité légale serait un mensonge et une injure pour le peuple français.

» Ce livre dont nous avons emprunté presque tout cet article , sera lu par tous ceux que les circonstances présentes intéressent , et il le sera encore quand ces circonstances seront passées, parce qu'on y trouve les pensées d'un esprit juste et les vœux d'un bon citoyen. »

Nota. Cet article est inculpé deux fois en entier , première et quatrième parties du réquisitoire. Voyez le réquisitoire page 24, et plus bas le renvoi (79) page 126.

(10) *N° 61 , du 2 mars 1823.*

» Il est des faits qui parlent plus haut que toutes les réflexions. Nous nous bornerons donc, pour l'instruction de MM. les négocians, à rapporter sans commentaire le trait suivant dont nous pouvons garantir l'exactitude. Une maison de commerce de.... a remis à un négociant de Paris, une Traite de 1,500 fr. , tirée par un jeune officier sur M. le marquis de........, son père. Celui-ci, lors de la présentation de l'effet à son échéance , répond *qu'il a bien avis de ce mandat , mais qu'il a trop de mépris pour le commerce pour jamais acquitter une lettre de change.* Le négociant ne s'étant point contenté d'une pareille monnaie, a fait protester l'effet, et un huissier a pris acte du dire de M. le marquis. Le négociant a renvoyé l'effet, après avoir , suivant le code de commerce, fait signer le compte de retour par un agent-de-change que nous nommerions s'il le fallait, ainsi que les autres personnes indiquées dans ce récit. »

(11) *N° 196, du 15 juillet 1822.*

« Ecrivains contre-révolutionnaires de la *Quotidienne* , de la *Gazette* et du *Drapeau Blanc* , applaudissez-vous ; regardez l'Espagne, et contemplez votre ouvrage. Depuis plus de deux ans nous n'avons cessé de vous répéter que vos déclamations journalières , vos injures , vos perfides insinuations ne pourraient nuire à la liberté espagnole , et seraient à coup sûr funestes à sa royauté. Mais que vous importent les rois, ils ne sont pour vous qu'un étendard de contre-révolution. Il faut qu'ils servent à votre victoire, ou qu'ils soient brisés dans la lutte que vous avez engagée. Ce qui vous importe, c'est le triomphe; le rang de ceux qui peuvent succomber dans le combat ne vous touche guère.

» Depuis deux ans vous n'avez cessé de répéter que le roi d'Espagne ne voulait pas la constitution , que les constitutionnels étaient des rebelles , que les citoyens qui criaient *vive le roi constitutionnel* étaient des factieux; que les seuls amis de la religion , du trône, de l'Espagne , étaient les bandes *insurgées* contre le gouvernement établi, et que le cri de *vive le roi absolu* était celui de la fidélité. Applaudissez-vous : vous avez semé les défiances, les craintes, les haines, les insurrections et la révolte; allez recueillir votre moisson.

» Et depuis deux ans, nous anarchistes, nous révolutionnaires, nous
avons sans cesse adjuré Ferdinand d'accepter de bonne foi le pacte qui avait
fondé les libertés de l'Espagne, ce pacte qui lui avait conservé le trône, ce
pacte qui avait engagé tous ses peuples à lutter pendant six ans contre une
puissance qui dominait l'Europe entière. Si ce prince infortuné eût suivi
notre conseil, s'il eût permis à la liberté de se placer près de lui, et de
s'asseoir sur son trône, s'il eût protégé les institutions pour en être protégé à son tour, son sceptre gouvernerait en paix les Espagnes et les Indes.
Il a suivi vos avis funestes : voyez votre ouvrage.

» Les écrivains contre-révolutionnaires n'ont pas vu qu'ils suivaient de
malheureux exemples. La France avait eu aussi ses Royou, ses Durosoy ;
leurs déclamations irritèrent la force, car la force est toujours dans le nombre. Encore si les Durosoy furent dénués de sens, ils ne manquèrent pas
de courage ; il étaient au milieu du péril, et ils surent mourir. Mais ces
contre-révolutionnaires de Paris qui soufflent la guerre en Espagne, qui
appellent des malheurs qui ne peuvent les atteindre, des dangers qu'ils
n'ont pas à partager, qui peuvent impunément manquer tout-à-la-fois et
de tête et de cœur, fanfarons de générosité, vivant d'hypocrisie, poussant les rois dans l'abîme, appelant la révolte pour gagner douze abonnés ;
adorateurs de la fortune et transfuges de l'adversité ; voyez leurs œuvres.
Que d'éloges n'ont-ils pas prodigués à ces insensés, qui levaient les bannières de l'insurrection ! C'est avec des hymnes d'allégresse qu'ils les pous-
saient à la mort. Aujourd'hui le peuple irrité s'est levé dans sa fureur ; il
a dévoré ses ennemis. Trois jours ont suffi à ces hommes qui croyaient
rétablir le trône absolu, pour ébranler jusque dans sa base le trône constitutionnel.

» Il ne faut pas le dissimuler : deux grandes fautes, deux crimes ont
été commis par les contre-révolutionnaires. L'état actuel de la royauté espagnole, et la difficulté, je dirais presque l'impossibilité où ils ont placé
Ferdinand de sortir de l'état dans lequel il se trouve par eux et pour eux.
Qu'on y réfléchisse, les méfiances étaient grandes ; l'insurrection de la
garde a changé ces méfiances en certitude. Un roi qu'on voulait faire absolu se trouve désormais placé sans résistance sous l'œil vigilant d'une liberté nécessairement inquiète parce qu'elle fut trompée. Concevez-vous
les dangers de cette position terrible ? Si ce prince suit le torrent, le peuple
dira que Ferdinand est entraîné. Si le prince s'arrête, le peuple dira que
la liberté est trahie. Comme Ferdinand ne peut vouloir sans danger, il
ne lui reste presque aucun moyen de prouver que c'est avec liberté, que
c'est par conviction qu'il adopte la constitution. L'oubli du passé, l'union
pour l'avenir, sont d'une difficile espérance. Les méfiances seront de longue durée, parce que Ferdinand n'a presque plus de moyens de conquérir
la confiance du peuple. Que dis-je ? On brise encore dans ses mains la
planche du salut. Ce matin encore, on en appelle aux rois de l'Europe !
misérables déclamateurs, avez-vous oublié où est Ferdinand ? Ne vous
souvenez-vous pas de Louis XVI ? mais je me trompe, ces déclamateurs
le savent très-bien : le jésuitisme a mis leur conscience à couvert : ils déclarent que les princes qui acceptent des constitutions ne sont plus des

rois. Ici je m'arrête ; les gens de bien penseront tout ce que je n'ose dire.

« J'ai déjà dit que l'état actuel de la royauté en Espagne était un crime des contre-révolutionnaires. Comment ces hommes n'ont-ils pas vu que la liberté peut livrer au pouvoir des combats interminables ; tandis que le pouvoir ne peut essayer qu'une seule bataille contre la liberté, et que s'il succombe, c'est fait de lui ? L'Espagne même en est la preuve. La liberté y lutta six ans contre Napoléon ; elle lutta encore six années contre le pouvoir absolu de Ferdinand. Qu'ont fait les supplices de Lascy, de Porlier, des mille victimes de l'inquisition religieuse et politique ? Les trames, les complots, les conspirations, ont-ils cessé devant les échafauds ? Non : il y avait folie à l'espérer. Partout où le mécontentement est général, il y a bientôt révolution. Les ministres ont souvent la vue courte : le seul remède, celui d'apaiser le mécontentement public, leur répugne et les gêne. Ils aiment mieux frapper. Mais qui frappent-ils ? les mécontens ? ils ne peuvent ; le nombre en est trop grand. Ils se ruent sur les instrumens. Eh bon Dieu, les instrumens manquent-ils jamais ! Ne voyez-vous pas tous les hommes généreux, et tous les ambitieux qui se couvrent d'un masque de générosité, s'offrir, se succéder, et renaître de leurs cendres ? Par la mort d'un serviteur fidèle, le pouvoir s'affaiblit ; par la découverte d'une première trame, on apprend à mieux ourdir la seconde. Porlier succombe, Riégo triomphe.

» Aussi, et nous ne cesserons de nous en féliciter, dès que nous avons appris le mécontentement de l'Espagne, nous avons conjuré Ferdinand de donner une constitution ; mais alors Lascy était dans les fers : le pouvoir se croyait fort, et il refusait un traité dont il pouvait dicter les conditions. Lorsque, par la victoire de Riégo, la constitution fut rétablie, nous n'avons cessé de desirer qu'elle fût acceptée de bonne-foi. On nous a traités d'anarchistes. Le temps a fait ses preuves : il montre aujourd'hui quels sont les vrais amis de l'ordre, de la paix, de l'autorité constitutionelle.

» Les contre-révolutionnaires rêvaient des émeutes, une Vendée ! Peut-on concevoir une insurrection contre un peuple ? A les entendre, l'Espagne était pour eux : l'Espagne les abandonne ; l'armée était pour eux : l'armée les abandonne ; Morillo, Alava, Balesteros étaient pour eux : ils combattent pour le peuple ; la garde était pour eux : une partie passe sous l'étendard de la liberté, une autre vient demander grâce, une troisième meurt avec courage, mais en accablant de malédictions ces insensés qui les envoient à la mort, dans cette ombre de contre-révolution.

» Aujourd'hui nos adversaires chercheront à rallumer encore les torches des guerres civiles. Pour nous, qui n'avons pas perdu la mémoire, nous à qui nos annales domestiques ont laissé un terrible souvenir, nous dirons aux Espagnols : vous eûtes le courage du combat ; ayez la générosité de la victoire. Ferdinand a vu son peuple armé pour la liberté ; tous ses doutes sont détruits. La nécessité, la première des lois, a dessillé ses yeux. Oubliez le passé, calmez le présent, assurez l'avenir. Désormais toute contre-révolution est impossible. Cimentez avec loyauté l'alliance de la liberté et de l'empire. N'oubliez-pas que vous êtes Espagnols , que l'Europe vous contemple, et que la postérité vous attend. »

(12) *N° 199, du 18 juillet 1822.*

« Le *Courrier français* reçoit aujourd'hui une bordée de calomnies et d'invectives de la part de tous les organes de la contre-révolution. Notre article sur l'Espagne les a frappés au cœur ; il se débattent sous le coup. Ils ont beau faire , ces hommes qui prônaient le cri de *Vive le roi absolu*, qui vantaient les exploits du trapiste et les victoires de Quesada , qui annonçaient la ruine prochaine de la constitution d'Espagne, qui se pâmaient d'aise à l'aspect des constitutionnels égorgés , et des villages en flamme, qui appelaient le poignard et la torche sur la généreuse péninsule ; ils ont beau faire, jamais ils ne se laveront des malheurs que Madrid fera retomber sur leur tête.

» Oui, s'ils n'eussent pas appelé, vanté encouragé la contre révolution espagnole ; s'ils n'eussent point excité les haines , élevé des autels à la vengeance ; s'ils n'eussent point fait un appel d'insurrection, de massacres , d'incendies ; s'ils n'eussent point traité la rébellion de fidélité, le parjure de loyauté , la trahison de courage ; s'ils n'eussent point donné aux constitutionnels fidèles à tous leurs sermens les noms de révolutionnaires et de factieux ; s'ils n'eussent pas enfin mis les partisans du pouvoir absolu en guerre ouverte contre les amis de la liberté , rien n'eût troublé dans la péninsule le régime constitutionnel ; rien n'eût troublé les garanties du peuple ; rien n'eût troublé le gouvernement royal et les prérogatives de la couronne.

« Que les hommes qui nous répondent par des injures relisent leurs journaux ; qu'y verront-ils ? L'éloge de l'insurrection, la haine de la constitution, le désir du rétablissement du pouvoir absolu. Hier encore ils s'indignaient en apprenant que Ferdinand n'était pas allé se faire tuer à la tête des insensés qui s'étaient révoltés contre son pouvoir constitutionnel ; ils se sont aperçus trop tard que leurs feuilles incendiaires faisaient horreur aux gens de bien ; aujourd'hui ils voudraient reculer , ils ne le peuvent plus. Vainqueurs , ils se seraient vantés de leur triomphe ; vaincus, ils doivent subir la honte de leurs funestes tentatives.

» Ces journalistes n'espèrent pas , sans doute, nous voir répondre à leurs invectives ; les écrivains de leur parti, que la déraison n'a pas encore complètement aveuglés, se sont chargés de ce soin ; et le seul de leurs journaux qui n'ait pas fait divorce avec l'honnêteté publique, a , ce matin même, répondu pour nous. « Comme politiques , dit le *Journal des Débats*, nous blâmons la dangereuse exagération du pouvoir des cortès dans la constitution de Cadix, et nous avons en horreur la révolution militaire par laquelle elle a été établie ; mais , comme royalistes constitutionnels , comme amis de la liberté , et sujets d'un gouvernement représentatif , *nous désapprouvons le cri de vive le roi absolu ! qui ne pouvait amener que des malheurs pour la royauté* » Ah ! si le *Journal des Débats* eût voulu ,comme nous, être le prophète des événemens dont aujourd'hui il ne veut pas être le complice, s'il eût manifesté une haine égale pour les révolutions militaires qui donnent trop de liberté aux peuples, et pour les révolutions militaires qui donnent aux trônes le pouvoir absolu ; si avant l'événement il eût hautement blâmé tous ces *bandoleros armés*, ces transfuges du gouvernement établi, promenant la révolte, le meurtre, le pillage et l'incendie ; s'il eût dit aux insurgés : Vous semez une contre-révolution, et c'est une révolution que vous allez recueillir ; vous criez *vive le roi absolu*, et vous allez ou compromettre ou perdre le roi constitutionnel ; si, en un mot, le *Journal des Débats* eût dit avant l'affaire de Madrid ce qu'il vient dire après, peut-être sa voix eût-elle été de quelque poids dans la balance ; peut-être eût-il forcé au silence les contre-révolutionnaires de la *Gazette*, de la *Quotidienne* et du *Drapeau*. Il ne les eût pas fait rougir ; mais il les eût fait taire. Seuls, nous parlions à nos propres périls, lorsque le *Journal des Débats* se taisait avec prudence : on dirait qu'il attendait de connaître les vainqueurs, pour blâmer les vaincus.

» A travers toutes les diatribes des journaux, il est facile de voir ce qui les gêne dans nos articles sur l'Espagne. Nous recommandons encore la constitution ; nous disons aux vainqueurs : Vous êtes forts, soyez justes ; vous êtes patriotes, hâtez-vous de rendre la paix à la patrie ; garantissez les libertés publiques, affermissez le trône constitutionnel. Oubli pour le passé, union pour l'avenir ; voilà votre devise. Ce désir d'ordre public, cette espérance de stabilité constitutionnelle désespèrent nos adversaires. Ils voudraient nous voir suivre leurs traces, et tandis qu'ils outragent Ferdinand parce qu'il vit et qu'il règne encore, ils voudraient nous voir insulter la liberté, parce qu'elle le laisse vivre et régner. Ils perdent par-là l'espoir d'une guerre civile, l'espoir d'une conflagration dont ils iraient effrayer tous les rois de l'Europe, l'espoir d'une armée d'étrangers traversant la France pour aller rétablir ce trône absolu dont ils regrettent la splendeur. L'attente des ennemis de la liberté sera trompée ; nous n'oublierons jamais ce qu'on doit de respect au pouvoir et d'égard au malheur ; et leurs déclamations viendront se briser sans cesse contre une modération qui leur est inconnue.

» Que dis-je ? ils ont poussé trop loin la violence, lorsqu'ils croyaient leur cause gagnée, pour qu'ils puissent être modérés lorsque leurs espérances sont déçues. Il n'est pas une cruauté, un acte arbitraire, une trahison dont ils ne se soient faits les apologistes. N'ont-ils pas applaudi a l'égorgement des Grecs, aux sentences prévôtales qui ont pesé sur Naples et la Sicile ? N'ont-ils pas applaudi à l'arrestation de quelques fugitifs que le naufrage avait jeté sur nos côtes ? N'ont-ils pas fait l'éloge des traîtres, quand la trahison tournait à leur profit ? Ils se plaignent aujourd'hui. Puissent-ils du moins reconnaître cette vérité répétée par nous tant de fois, que les mesures violentes et arbitraires sont funestes à tous les partis, et qu'elles peuvent retomber sur ceux qui, dans un temps, les ont prônées et invoquées !

» Le premier acte de la municipalité de Madrid a encouru l'indignation des écrivains contre-révolutionnaires ; il ordonne aux citoyens qui ont donné refuge à des gardes royaux de les remettre à l'autorité, *sous peine* de mort. Cet acte est sévère, et j'aime à croire que la peine dont il menace ne sera jamais appliquée. Toutefois, de quel droit nos adversaires ont-ils osé le blâmer ? Ont-ils oublié qu'ils ont fait l'éloge de cette autre proclamation par laquelle l'hospitalité était *punie de mort et la maison hospitalière démolie ?* ont-ils oublié que l'auteur de cette proclamation est l'homme qu'ils ne cessent de représenter comme la plus ferme et la plus digne colonne de la légitimité ?

» Pour nous , étrangers à tous les excès, nous avons conservé le droit de les condamner tous. Nous n'en voulons ni pour la liberté ni pour le pouvoir. L'un et l'autre, lorsqu'ils veulent se renfermer dans leurs justes limites , ne peuvent vivre que par l'ordre et par les lois. Ce que nous avons dit pour les Grecs, ce que nous avons dit pour les libéraux sardes et napolitains , nous le répéterons pour les royalistes espagnols. La vérité n'a qu'un langage, la justice qu'une balance , et ce n'est pas nous qui la ferons osciller au gré de nos passions , de nos espérances, de nos craintes et de nos vengeances. »

(13) *N° 225, du 13 août 1822.*

» *Un journal qui le mois dernier reprochait avec tant d'amertume au roi d'Espagne de ne s'être pas fait tuer à la tête de ses soldats révoltés, qui semblait ne se consoler de la conduite tenue par le roi dans cette circonstance , qu'en lui prédisant une mort prochaine, ce journal recommence maintenant , et ses insultes contre Ferdinand, et ses sinistres prédictions. Les ennemis de la liberté ne peuvent déguiser la douleur et l'effroi qu'ils éprouvent en voyant l'admirable magnanimité du peuple espagnol, si calme, si modéré dans sa victoire , si plein de respect pour la constitution qui déclare la personne du monarque inviolable et sacrée ; ce qu'il leur faudrait , c'est un prétexte pour ameuter l'Europe contre la constitution des Cortès, pour déchaîner les soldats de la Sainte-Alliance contre les citoyens Espagnols ; à ce prix la vie de Ferdinand leur importe peu ; ils appellent , en voulant n'avoir l'air que de la prédire , une catastrophe sur laquelle ils se montrent déjà parfaitement résignés ; ils l'annoncent avec un calme , avec un sang froid sans exemple. «* On » en assigne en quelque sorte, dit le Drapeau Blanc , le jour et l'heure et » l'on s'attend qu'avant la fin du mois d'août , l'Espagne deviendra le » théâtre du dernier des attentats. » *Ignoble et grossière imposture qu'a démentie suffisamment la générosité dont le peuple de Madrid ne s'est pas écarté , dans l'ivresse même de la victoire !* Mais le congrès d'Italie sur lequel un parti fondait tant d'espérances , ne paraît pas devoir amener les résultats qu'il annonçait à l'avance. La raison, qui trouve toujours accès dans les cabinets , lorsqu'elle se fonde sur leur intérêt , a montré aux uns les dangers que présente une guerre d'invasion en Espagne, aux autres les dangers plus grands encore qu'ils courraient en laissant envahir la Péninsule. Il en résulte que la grande croisade , prêchée sans relâche par les *serviles* de tous les pays, n'aura existé que dans les brochures de M. Clausel de Coussergues , et dans les colonnes de la *Quotidienne* et du *Drapeau*

Blanc. De là le redoublement d'efforts de la part de ces écrivains pour irriter les Espagnols, pour les pousser aux excès et à la violence, dans le but de s'armer ensuite de ces excès et de cette violence pour appeler contre eux les armées de l'Europe.

» Telle est, telle a été dans tous les temps la marche des contre-révolutionnaires. Si l'on pouvait en douter, il suffirait de se rappeler les injures adressées à Ferdinand, parcequ'il survivait au 7 juillet, et les outrages qu'il reçoit encore chaque jour dans les mêmes journaux. Il n'est point de bruit injurieux, point d'anecdote propre à déconsidérer son caractère aux yeux des hommes de toutes les opinions, qui ne trouve accès dans leurs colonnes. Après avoir cherché à le compromettre aux yeux des constitutionnels, en le présentant comme chef de tous les complots dirigés contre la liberté, il semble qu'ils veuillent éloigner de lui toute espèce d'intérêt; il semble qu'ils veuillent le rendre odieux et à ceux qui peuvent encore le défendre comme roi constitutionnel, et à ceux qui prétendent le servir comme roi absolu; il semble enfin qu'ils veuillent l'isoler de la nation entière, afin de le livrer ensuite sans défense à la merci des passions qu'ils soulèvent contre lui.

» On n'a pu se méprendre sur ces manœuvres en lisant il y a deux jours dans le *Drapeau Blanc* l'article suivant :

« On dit que le colonel Saint-Michel, accompagné des deux autres rap-
» porteurs dans la cause des officiers de la garde, s'est présenté en audience
» particulière chez le Roi, et lui a témoigné l'incertitude dans laquelle il
» se trouvait, tant envers S. M. qu'envers les officiers, du procès desquels
» il était chargé, attendu qu'ils produisaient des lettres autographes de
» S. M., qui prouvaient autant en leur faveur qu'en défaveur de S. M.,
» et que, dans cet état de choses, il venait prendre les conseils du roi,
» et tâcher d'alléger la terrible accusation qui pesait sur ces malheureux
» officiers. S. M., d'un ton de mauvaise humeur, répondit : C'est vrai,
» les lettres sont de moi. Eh bien! qu'est-ce que cela veut dire ? Tant pis
» pour eux; ils savaient que mes ordres étaient nuls sans la signature des
» ministres. Pourquoi les ont-ils exécutés? — Mais enfin, dit Saint Mi-
» chel, V. M. ne peut pas abandonner ces infortunés? — Tu es chargé
» du procès, poursuis-le avec activité, parce que je ne veux plus entendre
» parler de cela.

» Saint Michel s'est retiré tout confus, et se trouve, d'après son propre
» aveu, dans la plus cruelle alternative. Il attend, dit-il, l'arrivée du nou-
» veau ministre, pour le consulter sur cette affaire, qui n'est pas publique,
» mais qui a rempli d'étonnement tous ceux qui en ont eu connaissance. »

» De quelques formules dubitatives qu'on fasse suivre ou précéder un pareil article, nous demanderons s'il est possible de se méprendre sur son but et sur son effet; que l'on rapproche cet article et tant d'autres des mêmes journaux, de celui où nous adressions aux Espagnols ces paroles que leur magnanimité a si bien entendues. « Vous eûtes le courage du com-
» bat, ayez la générosité de la victoire. Ferdinand a vu son peuple armé
» pour la liberté; tous les doutes sont détruits; la nécessité, la première
» des lois, a dessillé ses yeux ! Oubliez le passé, calmez le présent, assu-

» rez l'avenir ; désormais toute contre-révolution est impossible. Cimentez
» avec loyauté l'alliance de la liberté et de l'empire : n'oubliez pas que vous
» êtes Espagnols , que l'Europe vous contemple et que la postérité vous
» attend. »

» Que l'on compare ce langage à celui des journaux qui accumulent dans
leurs colonnes tant de provocations furibondes , de prédictions sinistres ,
et de bruits injurieux ; et que l'on dise de quel côté sont la modération et
le véritable respect pour le pouvoir ? que l'on dise quels sont les ennemis
du roi d'Espagne ; ou de ceux qui placent sa personne sous l'égide de l'in-
violabilité constitutionnelle , ou de ceux qui appellent sur lui les ressentimens et le mépris de tous les partis. »

Nota. Le passage en caractères italiques , jusqu'à ces mots : « *de la victoire* »
est seul inculpé.

(14) N° 265 , *du 22 septembre* 1822.

» *Théorie des Cortès*, ou *Histoire des grandes assemblées nationales des
royaumes de Castille et de Léon, depuis l'origine de la monarchie espagnole, jusqu'à nos jours, avec quelques observations sur la constitution
actuelle de l'Espagne*, par don Fr. Martinez Marina ; traduit de l'espagnol par P. F. L. Fleury. Paris , chez Baudoin frères , rue de Vaugi-
girard , n° 36. (1822.)

» De toutes les monarchies de l'Europe, l'Espagne est celle qui a offert
tour-à-tour les vissicitudes les plus remarquables de force et de faiblesse ,
les plus tristes exemples de servitude, et les plus nobles modèles de liberté;
les traits les plus sublimes d'héroïsme , et le plus triste spectacle d'abâ-
tardisement. L'histoire de la liberté espagnole , d'après les documens au-
thentiques , est donc un objet de vive curiosité pour tous les esprits avides
de connaissances , et d'intérêt profond pour toutes les ames susceptibles
d'enthousiasme. Cette curiosité et cet intérêt doivent s'accroître encore
par les questions graves que la situation de l'Espagne fait naître aujour-
dhui. La cause de ce peuple est intimement liée à celle du gouvernement
représentatif.

» Déclarer la guerre aux cortès de la péninsule, c'est la déclarer à toutes
les institutions constitutionnelles de l'Europe. C'est commencer par une
attaque contre la plus nationale, la plus vigoureuse de ces institutions,
pour arriver à la destruction de celles qui sont moins populaires et plus
modifiées. C'est annoncer qu'on ne veut tolérer désormais que le gouvernement absolu, tel qu'il s'exerçait en Espagne avant 1822, par les cachots,
les tortures, les galères et les échafauds. Respecter, au contraire, l'indépendance espagnole , c'est reconnaître que l'organisation politique des
états policés est destinée à s'améliorer progressivement ; c'est laisser à
toutes les nations l'espoir de jouir à leur tour de cette amélioration pro-
gressive ; c'est par-là même jeter des bases de conciliation et d'harmonie
entre le pouvoir et la liberté , entre les rois et les citoyens.

» Dans ces circonstances , l'ouvrage que nous annonçons est d'une utilité manifeste. Trop volumineux dans l'original qui forme trois in-4°., il a été judicieusement resserré par le traducteur dans des limites mieux adaptées aux facultés d'attention et de fortune de la généralité des lecteurs français, et l'analyse que nous allons leur en présenter, leur prouvera qu'ils ne regretteront ni le temps ni l'argent qu'ils pourront y consacrer.

» La position sociale et le caractère personnel de l'auteur nous paraît propre à commander la confiance. Ministre des autels, académicien, ayant exercé près de Ferdinand VII des fonctions délicates, porté dans l'assemblée des cortès par le suffrage national, religieux dans ses opinions, philantrope dans ses desirs, modéré dans ses principes, il ne peut être accusé d'exagérations démagogiques ; et s'il condamne le despotisme, s'il flétrit l'inquisition, s'il exhume de la poudre des archives et de la série des traditions les monumens de la liberté antique, pour les transformer en appuis de la liberté récemment conquise, c'est qu'en lui l'évidence a produit la conviction, et que la liberté parle par sa bouche.

» La marche que nous suivrons dans notre analyse sera différente de celle de la plupart des critiques. Ils se placent trop souvent en première ligne, ne cherchant dans les ouvrages dont ils rendent compte, qu'un prétexte pour developper leurs propres doctrines, quand ils ont des doctrines, ou pour faire briller leur esprit, quand ils croient avoir de l'esprit. Après les avoir lus, le public peut avoir son opinion formée sur ce qui les regarde ; mais il n'est pas plus initié qu'auparavant dans le contenu du livre qu'ils s'étaient chargés de lui faire connaître. Nous nous conformerons au contraire à la série des idées émises, et des faits rapportés par notre auteur, ne sacrifiant l'exactitude de quelques détails qu'à la briéveté indispensable dans une feuille du genre de la nôtre.

» *L'auteur commence son ouvrage par des idées générales sur l'origine des gouvernemens. Pressés que nous sommes d'arriver aux faits, nous laissons de côté cette partie de son travail, en indiquant néanmoins une comparaison très - bien faite entre le gouvernement paternel des chefs de famille, et le gouvernement absolu des rois, dont on a voulu trop souvent mettre l'autorité de niveau avec celle des pères sur leurs enfans.* « Dans la société naturelle et domestique, dit le publiciste es-
» pagnol en terminant cette comparaison, les hommes en se soumettant
» à ce genre de gouvernement, ont conservé le droit d'exiger du chef
» de la famille l'accomplissement des conventions stipulées, et dans
» le cas où il s'y refuserait de se séparer de lui et de recouvrer son in-
» dépendance. » L'auteur applique ensuite ce principe aux relations qui existent entre le peuple et le magistrat suprême de la société, et de peur qu'on n'accuse cette doctrine d'impiété ou de sédition, il cite saint Thomas d'Aquin, « prince des théologiens scholastiques, qui, cinq cents ans avant
» Rousseau, réclamait, dans le cas où le prince abusant de la puissance
» royale, romperait le pacte, les droits du peuple, quand bien même
» il se serait antérieurement soumis à perpétuité. »

» Nous nous hâtons de quitter ce terrein glissant, et sans nous arrêter à la description de l'état de l'Espagne, durant les guerres civiles des Romains, guerres dont l'Ibérie fut trop long-temps le théâtre, nous arrive-

rous au premier établissement du gouvernement représentatif de la Péninsule. Cet établissement fut l'ouvrage des Goths, conquérans de cette belle
contrée. etc. , etc. »

Nota. *Le passage en caractères italiques , depuis ces mots* : « L'auteur
commence » *jusqu'à* « indépendance , » *est seul inculpé.*

(15) N°. 552 *du 18 Décembre 1822.*

» Nous avons donné des nouvelles de Madrid jusqu'au 6 décembre. Les
lettres et journaux que nous avons reçus aujourd'hui par le courrier ordinaire, ne vont que jusqu'au 4 : ainsi on est à-peu près instruit sur l'état des
choses en Espagne. Cependant nous voyons avec plaisir, par les lettres de
nos correspondans, que la cause de la constitution gague tous les jours des
partisaus nouveaux, et que les revers des bandes de factieux de la Catalogne ont détrompé bien des gens crédules, engagés de bonne foi sous ses
étendards. Partout les provinces s'empressent de lever à leurs frais des
corps armés qu'on peut nommer des *guerrillas* constitutionnelles. Le cler-
gé lui-même, intéressé à arracher aux ambitieux le masque de la religion
dont ils osent se couvrir pour faire à leur patrie une guerre impie et sacrilége, vient de faire dans les villes de Borsas et de Tarazona des dons
considérables dans le même but d'armer des défenseurs pour la cause du
peuple, qui n'est pas la moins sainte de toutes. Partout les esprits se cal-
ment et l'ordre renaît. Cependant les troupes poursuivent sans relâche les
bandes de factieux ; celle d'Adam Trusillo a été battue, et le chef fait prisonnier avec d'autres personnages qui s'étaient enrôlés sous ses bannières ;
la plupart sont nés en Catalogne ou dans la province de Siguenza, où l'insurrection s'est manifestée à l'époque de celle des gardes. Dans le haut Aragon, il y a eu un engagement entre les troupes et une bande assez nombreuse. L'avantage est resté aux armes constitutionnelles. A Valence on a
poursuivi un rassemblement, et la loi martiale ayant été publiée, plusieurs
des hommes égarés se sont présentés pour jouir de l'amnistie : ils ont été
bien accueillis par les autorités. Le chef était un teinturier qui a été pris
à Miaguilla.

»Le *Spectateur*, journal ministériel, ne pense pas que l'Espagne puisse
être envahie par des ennemis extérieurs. Il croit que c'est par la ruse, par
la perfidie et le mensonge qu'on pourrait encourager encore des Espagnols
assez lâches pour faire la guerre à leur patrie. « Cependant, continue-t-il,
l'Espagne constitutionnelle donne au monde dans ce moment-ci l'exemple
le plus sublime de constance, de vertus et de patriotisme. Elle ne s'endor-
mira pas sur les lauriers qu'elle a cueillis. Ni les promesses, ni les confi-
dences, ni les illusions les plus flatteuses ne lui feront déposer les armes ,
persuadée comme elle est, que toutes les propositions cachent des intentions perfides. »

» Au reste, la sagesse du gouvernement espagnol nous est un sûr garant
qu'il n'abandonnera jamais les intérêts du peuple. Non moins ennemi du
despotisme que de l'anarchie, il combattra pour la liberté qui se trouve
entre ces deux extrêmes. Sans doute les circonstances sont graves ; des

obstacles à vaincre, des écueils à éviter, se présenteront à tout moment ; mais que ne peut-on avec du patriotisme? L'amour de la liberté a partout enfanté des merveilles, et ce ne sera pas certainement chez les Espagnols, peuple passionné pour tout ce qui est grand et beau, qu'il changera de nature. Nous les avons vus jusqu'à présent prudens et mesurés, même dans les occasions où la vengeance et le ressentiment, assez naturel pour des agressions hostiles, auraient pu excuser des égaremens que d'autres peuples n'ont pas été assez heureux pour éviter. Nous avons été témoins de leur générosité héroïque envers leurs ennemis vaincus le 7 juillet. Il faut espérer que ce ne sera pas le dernier prodige que l'Espagne devra au génie bienfaisant de la liberté. »

(16) N° 356, *du 22 Décembre 1822.*

EXTÉRIEUR.

ESPAGNE.

Madrid, 14 Décembre.

« *La plus parfaite tranquillité continue de régner dans cette ville. Nos journaux sont remplis des rapports des généraux Mina, Milans, Roten, Carondelet, Velasco, qui rendent compte de diverses actions dans lesquelles ils ont battu et mis en déroute les bandes de factieux. L'insurrection de la Catalogne touche à sa fin. Le gouvernement néanmoins ne se ralentit pas ; il prend chaque jour de nouvelles mesures pour achever de comprimer la révolte. On vient de publier un ordre pour effectuer la levée de chevaux de cavalerie et d'artillerie décrétée précédemment. La fuite de la régence d'Urgel a complétement déconcerté ceux qui espéraient voir l'insurrection prendre quelque consistance. Les bons citoyens sont animés d'un enthousiasme difficile à décrire, et paraissent plutôt désirer que craindre une guerre étrangère.*

» Les dernières séances des cortès ont présenté peu d'intérêt ; elles continuent de s'occuper de la discussion du réglement administratif pour les provinces. Le prieur du couvent des Batuecas avait demandé que son couvent fut excepté de la suppression ordonnée par un décret. Cette demande avait été renvoyée à une commission qui a fait un rapport dans la séance du 11. Elle a conclu qu'il n'y avait point lieu à l'exception demandée, et que le couvent des Batuecas devait être supprimé. Après une courte discussion, ces conclusions on été adoptés.

» Dans la séance du 13, le gouvernement a présenté aux cortès un projet de décret sur la manière dont les cortès devront exprimer leur reconnaissance pour les événemens du 7 juillet dernier. Il est en sept article.

» Par le premier, le 7 juillet est déclaré un des grands jours dont s'honore la nation. Par le second, il est ordonné d'ériger un monument sur la place de la Constititution pour consacrer la mémoire de ce jour glorieux. Le troisième ordonne qu'un bas relief sera placé dans le salon des cortès pour rappeler cet événement. Le quatrième crée une médaille en or avec l'inscription : *La liberté triomphante* d'un côté, et de l'autre : *Mémorable 7 juillet 1822.*

» Cette médaille sera accordée à ceux qui se trouvaient sous les armes le 7 juillet. Les cortès ont donné acte de la présentation du projet, qui a été renvoyé à une commission.

» La nouvelle du jour, est l'exil à l'île d'Iviza de Pizzarro, ancien ministre, et de Senama, ancien consul d'Espagne en Hollande : tous deux écrivaient dans le *Zurriago*. Cette mesure a été prises en vertu du pouvoir discrétionnaire accordé aux ministres. On croit que l'exil de Roméro Alpuente est résolu. On dit que M. Pando va remplacer à Paris M. Noguera qui passe à La Haye comme chargé d'affaires. »

Nota. *Le premier alinéa, en caractères italiques est seul inculpé.*

(17) N° 20 , *du 20 janvier 1825.*

« C'est un beau spectacle que celui dont l'Espagne frappe aujourd'hui les yeux de l'Europe! Le calme et la dignité de son attitude, l'unanimité de son patriotisme, la vertueuse indignation avec laquelle elle a reçu la menace d'une intervention étrangère, la placent au premier rang des nations, et la donnent en exemple aux peuples qui osent vouloir être libres. Il est consolant, pour les amis de la justice et de l'indépendance des états, de songer combien la conduite des étrangers envers la nation espagnole a déjà eu pour cette nation magnanime, d'importans résultats. A peine un cri de guerre est descendu du haut des Pyrénées, et déjà des hommes que divisaient des opinions différentes se sont réunis dans une opinion commune, la défense du territoire. Ils déposent tout dissentiment et toute méfiance; ils s'embrassent en signe de fraternité; et le chef des modérés, dont hier encore un peuple inquiet accusait la tiédeur patriotique, est aujourd'hui porté en triomphe par ce même peuple, en récompense de sa conduite énergique et de sa prompte réunion avec les plus ardens défenseurs des droits populaires et des intérêts nationaux. Un germe de discorde existait depuis quelque temps entre l'Espagne et l'Angleterre; ce germe est étouffé, et les deux nations resserrent des nœuds qui les lient plus étroitement que jamais. L'orgueil national et un intérêt mal entendu avaient engagé l'Espagne dans une lutte déplorable avec ses anciennes colonies; cette lutte, déjà funeste à la métropole, pouvait lui devenir plus funeste encore, mais la voix de la nécessité et de la raison s'est fait entendre, et un prochain accommodement va satisfaire à-la-fois et les principes de la justice et les vrais intérêts du peuple espagnol. Ainsi l'Espagne va recueillir, de la haine même de ses ennemis, tous les avantages que pouvaient lui souhaiter ses plus zélés partisans, et que peut-être, sans cette imprudente agression, elle n'eût obtenus qu'après de longs efforts. Ce sont les grands sentimens qui font les grands peuples comme les grands hommes. Le peuple espagnol trouva naguère, dans l'amour de la liberté, une force et des ressources que les autres peuples n'avaient trouvées ni dans l'orgueil national, ni dans l'amour du territoire, ni dans l'amour du prince : ce même sentiment renaît en Espagne avec les mêmes circonstances; il y fera encore les mêmes prodiges. La fierté castillane ne veut pas plus de lois que de souverains imposés par l'étranger; et il est permis de croire que le ministre qui dirige aujourd'hui les affaires étrangères de France ne fera rien pour détourner les Espagnols de cette noble résolution. Si M. de Chateaubriand pouvait avoir oublié les belles paroles qu'il prononça dans la chambre des pairs, on a récemment pris soin de les lui rappeler. *Si l'Europe civilisée*, disait-il, *voulait m'imposer la Charte, j'irais vivre à Constantinople :* et sans doute, aux yeux de M. de Châteaubriand, la Charte est une œuvre excellente. Que pense-t-il donc que feront les Espagnols, qui n'ont pas moins d'horreur que lui pour l'influence étrangère, et qui ne partagent pas son admiration pour la Charte? Au reste, quoi qu'il puisse arriver, l'effet de l'agitation qui exalte aujourd'hui l'Espagne est produit; elle sait ce qu'elle peut attendre des puissances étrangères; et cette conviction lui fait voir que c'est principalement sur elle-même qu'elle doit compter. On n'asservit pas un peuple qui a la ferme volonté de rester indépendant : l'Espagne, après la longue épreuve qu'elle a subie, est préparée pour un gouvernement libre, et la liberté triomphera. Nous appelons ce triomphe de tous nos vœux, parce qu'il est dans les desirs de la grande masse de la nation, parce que cette nation en est digne par sa constance héroïque et ses sanglans sacrifices, parce qu'enfin la liberté de l'Espagne est nécessaire à la liberté de l'Europe. »

(18) N° 21 ; *du 21 janvier* 1823.

« La division qui règne depuis quelque temps parmi les journaux monarchiques, semble s'être encore accrue depuis les dernières nouvelles qu'on a reçues de Madrid. Le *Drapeau Blanc* conserve envers les ministres son ton menaçant, et le *Journal des Débats* s'occupe aujourd'hui des moyens de réaliser les modifications dont il croit que la constitution des cortès est susceptible. On a pu déjà être surpris de l'espèce d'opiniâtreté avec laquelle des écrivains, désignés quelquefois sous le nom d'hommes d'état, prétendent à toute force que l'Espagne ne peut être heureuse avec des institutions crées pour elle-même, et qu'elle ne peut exister qu'avec une constitution calquée sur celles de ses voisins. Cette sollicitude de quelques français pour l'organisation politique du peuple espagnol, pouvait ne paraître qu'étrange tant qu'elle n'était qu'en théorie ; mais la prétention d'en réaliser les effets en ce moment, doit paraître tellement intempestive qu'on ne sait comment l'écrivain n'a pas été découragé par l'inutilité du travail. Nous n'examinerons pas avec le *Journal des Débats* si la *grandesse* d'Espagne peut servir d'élémens à une pairie, ni si les antres modifications qu'il propose sont véritablement des améliorations; à quoi servirait cette discussion ? La question est tranchée : le peuple espagnol veut maintenir sa constitution telle qu'il se l'est donnée. Quel résultat les gens d'esprit peuvent-ils espérer de leurs savantes argumentations contre la volonté d'une pareille nation ? Le *Journal des Débats* regarde comme l'effet d'une effervescence passagère une résolution qui a été uniquement dictée par la fierté du caractère espagnol, et il compte sur le temps pour faire triompher ses théories. Il se trompe également dans ses jugemens et dans ses espérances. Si l'on veut que les Espagnols modifient leur constitution, il faut cesser de le leur demander; car, fussent-ils convaincus de ses imperfections, la crainte de paraître céder à une volonté étrangère, suffirait pour la leur faire maintenir intacte. L'expérience a démontré que le temps, au lieu de changer la volonté de ce peuple, ne fait que la rendre plus inébranlable, et que le *no quieremos*, dans la bouche des Espagnols est un arrêt contre lequel toutes les forces de l'Europe viendraient se briser.

» En s'étonnant de la peine inutile que le *Journal des Débats* se donne pour le bien des Espagnols, on doit rendre justice à l'innocence des moyens qu'il emploie à leur égard. C'est par la persuasion qu'il espère les convertir à une constitution de sa façon, et la persuasion pourrait en effet avoir quelque pouvoir sur eux, si on n'avait pas imprudemment recouru à la menace. Si le système du *Journal des Débats*, à l'égard de l'Espagne, promet d'être peu efficace, il faut convenir du moins qu'il est plus sage que celui des journaux qui, à l'exemple de la *Quotidienne*, invoquent à grands cris l'intervention du glaive. Cette feuille paraît craindre aujourd'hui que la réponse du roi d'Espagne à la note de la France, ne soit pas assez décisive, et qu'une politique prudente ne trouve encore dans les conjonctures actuelles, quelques moyens de prévenir une guerre funeste à la France. Cette feuille, non contente de prêcher la guerre, calomnie ceux qui ne la veulent pas. Elle prétend que dès que la guerre commencera, on nous verra *colporter les bulletins de l'armée de Mina, et faire des vœux contre les drapeaux français.*

» (*) La *Quotidienne* sait fort bien que ce n'est pas dans nos rangs qu'il faut chercher les hommes qui applaudissent aux succès des ennemis de la France, et aux désastres de leurs concitoyens. Nous desirons ardemment que le peuple espagnol triomphe, parce que sa cause est celle de la liberté européenne, de la civilisation et de l'humanité tout entière. Mais loin de former des vœux contre les Français, nous nous efforçons au contraire chaque jour de prévenir les calamités qu'un parti insensé appelle sur eux ; c'est parce que nous aimons notre pays, que nous nous élevons contre un système qui doit tarir toutes les sources de sa prospérité. L'honneur des armes françaises nous est aussi cher qu'à qui que ce soit ; et c'est pour cela que nous repoussons de tous nos vœux une guerre qui serait sans gloire comme toutes les guerres d'agression, et qui ne promet au courage de nos troupes que des fatigues et des dangers sans fin, des triomphes sans résultats, des sacrifices sans compensations, et enfin des revers que ni la prudence, ni la valeur ne sauraient prévenir.

» Le sang des soldats français nous paraît trop précieux pour qu'on le prodigue dans une lutte qui aurait pour but unique de faire triompher quelques théories dont un peuple voisin ne veut pas reconnaître l'excellence, mais dont il nous laisse parfaitement maîtres de savourer les douceurs ; c'est à la défense de l'indépendance de la patrie, que le courage des soldats français doit être consacré, et non point à porter la désolation chez une nation qui n'a rien fait à la France.

» Ceux qui forment des vœux contre les Français sont ceux qui, non contens des malheurs que l'apparence seule de la guerre a causés, veulent pousser jusqu'au bout leur funeste expérience. Pour nous, nous voyons en gémissant les résultats désatreux d'un système qui attaque tous les intérêts, menace toutes les fortunes, anéantit toutes les espérances. Non-seulement le crédit public est frappé dans sa base, mais le commerce, mais l'industrie souffrent encore plus de cet état de choses. Chaque jour de nouveaux ate-

(*) L'inculpation ne commence qu'ici, jusqu'à la fin de l'article.

liers se ferment, et des milliers d'ouvriers sont réduits à implorer de la pitié publique le pain que leur travail ne peut plus leur procurer; vainement prétendrait-on que cette assertion est exagérée, nous sommes prêts à prouver par des faits, qu'en traçant ce tableau déplorable, nous restons au-dessous de la vérité; et cependant la guerre n'est point encore déclarée, et la France n'a point encore enduré le surcroît d'impôts et de sacrifices qui deviendra nécessaire pour en acquitter les frais. En voyant ce qu'a déjà coûté notre attitude envers l'Espagne, qui ne frémirait à l'idée de ce qu'il faudra encore dépenser pour l'augmentation et l'organisation de nos forces militaires, qui sont si loin d'être telles que l'exigerait une guerre aussi importante? Quand aux maux présens on ajoute ceux qu'il est si raisonnable de prévoir, tels que le crédit public, le commerce et l'industrie recevant de nouvelles atteintes de la réalité d'une guerre dont l'apparence seule les a frappés de langueur, les hostilités nécessitant de nouveaux impôts, de nouveaux emprunts, la misère publique s'accroissant en raison de la chute du crédit et de l'augmentation des impôts, on reste confondu de l'aveuglement d'un parti qui ne recule pas devant ces déplorables conséquences. Pour nous, qui comptons le sang et les larmes du peuple pour quelque chose, nous ne nous lasserons pas de repousser de tous nos efforts une guerre qui n'est point encore décidée, et nous demanderons quels sont les meilleurs Français, de ceux qui gémissent des malheurs de la France, et demandent qu'on y mette un terme, ou de ceux qui, impassibles à l'aspect des misères publiques, veulent livrer aux chances les plus hasardeuses la prospérité, l'avenir, et peut-être l'existence de leur pays. »

(19) N° 33, *du 2 février* 1823.

« Le bruit s'était répandu dès hier, à la Bourse, qu'un mouvement populaire avait éclaté à Madrid le 22. On a cependant acquis la certitude qu'aucun courrier n'était arrivé hier. On assurait aujourd'hui qu'un courrier, parti de Madrid le 26, avait apporté des dépêches d'où il résulte qu'un corps de 7,000 factieux avait voulu se porter sur la capitale. A cette nouvelle, le gouvernement a fait marcher ce qu'il avait de troupes disponibles autour de lui; on en est venu aux mains, et les rebelles ont obtenu d'abord quelque avantage; mais le général Velasco, accouru avec les milices nationales, a bientôt décidé la victoire en faveur des constitutionnels. La défaite des rebelles a été complète; on en a tué ou fait prisonnier un grand nombre. Pendant ce mouvement, qui avait sans doute pour but d'enlever le roi, Madrid a gardé un calme parfait. Dans le premier moment d'alarme, le roi était tenté de se retirer à l'Escurial; mais les cortès et le gouvernement ont représenté à S. M. qu'elle était bien plus en sûreté dans Madrid que partout ailleurs, où le peuple entier lui servirait de rempart contre les factieux. Le roi a senti la vérité de cet avis, et n'a point quitté son palais. M. de Lagarde était encore le 26 à Madrid. Ces nouvelles avaient acquis dans la soirée un certain degré de consistance, quoiqu'on ignorât à quelle maison le courrier avait été expédié. »

(20) N° 35 , *du 4 février* 1823.

« Indépendamment des journaux du 25 dont nous avons donné l'extrait (voyez l'art. *Espagne*), le courrier arrivé aujourd'hui a apporté des lettres écrites de Madrid le 25 à minuit. Ces lettres portent que le général O'Daly s'était avancé jusque près de Brihuega où il avait rencontré les factieux commandés par Bessières. Ces derniers avaient une supériorité numérique tellement prononcée qu'O'Daly fut repoussé avec quelque perte et se vit même forcé d'abandonner trois pièces de canon. Les miliciens se sont comportés dans ce combat avec une valeur héroïque, et ont seuls empêché les factieux d'entamer le corps d'O'Daly dans sa retraite. Ce général se retira jusqu'à Guadalaxara où il fit retrancher le palais du duc de l'Infantado; il y fut joint bientôt par des renforts qui lui étaient envoyés de Madrid. Aussitôt que la nouvelle de cette affaire fut connue à Madrid, le gouvernement, mécontent de la conduite d'O'Daly, fit partir, pour le remplacer, le général O'Donnel, comte de l'Abisbal.

» Une lettre de Madrid du 26 arrivée hier annonce que Bessières s'étant avancé jusqu'à une position peu éloignée de Guadalaxara ; les troupes constitutionnelles renforcés de quelques corps venus de Madrid et des troupes de Valesco, qui étaient enfin arrivées, ont attaqué les factieux et les ont mis dans une déroute complète ; il en est resté un grand nombre sur le champ de bataille, et on leur a fait 500 prisonniers. Il paraît que le projet de Bessières était d'enlever le roi ; mais lors même qu'il n'aurait pas échoué devant la bravoure des constitutionnels, les dispositions manifestées par le peuple de Madrid, ne lui laissaient aucune chance de succès. Madrid n'a pas été attaqué comme on l'avait dit d'abord. Le brigadier Plasencia a été nommé gouverneur de la province de Guadalaxara.

» On a cherché aujourd'hui à la bourse à dénaturer ces nouvelles, et on disait qu'un courrier, parti de Madrid le 27 , avait apporté la nouvelle du triomphe des factieux et de la dissolution des cortès ; mais ce bruit n'a obtenu aucun crédit. Il n'est arrivé au commerce aucune nouvelle postérieure au 26 (*).

» On a paru accueillir avec plus de confiance les nouvelles pacifiques qui ont circulé aujourd'hui. On disait avoir appris par une voie sûre que le discours du roi d'Angleterre devait exprimer, non-seulement l'intention de garder la neutralité, mais même l'espérance de voir la paix maintenue en Europe. Ce bruit s'étant joint aux conjectures que l'on forme sur l'espèce de triomphe obtenu par la partie modérée du côté droit, sur l'appui que paraît trouver dans la chambre la partie du ministère qui s'était opposée à la guerre, sur les intentions manifestées par quelques députés au sujet de la future adresse, en réponse au discours de la couronne; il n'en a pas fallu davantage pour faire éprouver aux fonds publics une hausse considérable.

» On attribue aussi cette hausse extraordinaire, qui paraît s'être pro-

(*) L'inculpation s'arrête ici.

longée après la bourse, aux efforts d'une compagnie de spéculateurs, qui
avait à opérer de grands achats pour la liquidation. D'autres disent que
cette même compagnie s'est décidée tout à coup à jouer à la hausse, dans
l'espoir de réaliser dans peu de jours de grands bénéfices ; et l'on pense que
c'est pour atteindre l'un ou l'autre de ces buts que cette compagnie avait
fait courir les bruits que nous avons rapportés, en s'aidant habilement de
l'intervalle du dimanche pour les faire circuler. »

(21) *N° 36, du 5 février 1825.*

(Premier article inculpé.)

EXTÉRIEUR.

ESPAGNE.

Madrid , 28 janvier.

(Par voie extraordinaire.)

» Les alarmes qu'avait fait naître le rapport de l'échec essuyé par O'Daly,
rapport que la municipalité a fait publier le 27, ont été promptement dissi-
pées par le résultat des opérations du général O'Donnel, qui a complètement
battu les factieux en avant de Guadalaxara : on a aussi appris que le même
jour, où O'Daly était forcé à la retraite, le général Empecinado avait obtenu
sur les factieux un avantage important. Découragés par ce double échec, ils
n'ont pas tenu plus long-temps devant nos troupes , et se sont retirés en
désordre.

» Depuis la première affaire où il a battu les factieux, le comte de l'A-
bisbal a adressé au ministre de la guerre le rapport suivant daté de Meco,
le 27.

» Monseigneur, nous avons passé la nuit sans aucun événement; à midi
je me mis en marche avec les troupes sous mes ordres, vers Guadalaxara, pour
prendre la position que nous avions hier , afin que les factieux, qui occupent
la ville, pressés par l'approche des troupes du sixième district militaire, se hâ-
tassent de l'évacuer. J'ai donné ordre au colonel Vincente Sanchez Cerquero,
d'aller à la rencontre du maréchal-de-camp Manuel de Velasco, avec les
lettres que V. Exc. m'a remises pour lui ; ces pièces sont accompagnées d'un
rapport sur les mesures à prendre conformément à vos instructions et sur les
mouvemens que je me propose de faire pour couvrir cette partie de la province dans le voisinage de la capitale. Il ne s'est rien passé de nouveau cette
nuit.

» Depuis cette lettre , le comte de l'Abisbal a écrit aujourd'hui d'Allobera
à quatre heures du soir, que l'ennemi ayant évacué Guadalaxara et pris différentes directions , il a jugé convenable de se replier sur Alcala pour couvrir
entièrement la capitale,

» Le lieutenant de cavalerie Gabriel Martin, qui vient d'arriver de l'armée
du comte de l'Abisbal, rapporte que ce général a chargé les factieux à la tête
de la cavalerie, et qu'après avoir taillé en pièces un grand nombre de ces derniers , il les avait obligés à prendre la fuite. Le lieutenant Martin ajoute que
la cavalerie constitutionnelle a fait des prodiges de valeur.

» On assure que le général Velasco s'est mis en communication avec le
corps d'Abisbal.

(68)

» Le bataillon composé d'employés du gouvernement est de 700 hommes
bien équipés et armés.

» Les élèves de l'université ont formé un bataillon, et ont nommé pour leur
commandant le député don Jaccendo Infante.

» On assure qua la commission spéciale de la guerre et de la marine a suspendu de leurs fonctions, jusqu'à la décision définitive du roi, divers employés du ministère de la guerre.

(*) » Pendant les jours d'agitation qui viennent de s'écouler, les habitans
de Madrid ont montré un patriotisme à toute épreuve.

» Quatre compagnies de la milice à pied et 50 hommes de la milice à cheval ont obtenu d'être joints aux troupes de l'armée, pour aller participer à
leur gloire. Lorsque la colonne fut réunie à la place de la Constitution, le
chef politique fit à ses braves une allocution pleine de patriotisme et d'énergie,
non dans l'intention de les animer, car ils n'en avaient pas besoin, mais pour
leur rappeler qu'ils étaient les vainqueurs du 7 juillet, et pour leur témoigner
le chagrin qu'il éprouvait de ce que ses fonctions ne lui permettaient pas de
les accompagner et de marcher à leur tête. Après avoir salué la pierre sym-
bolique de la constitution par les vivats accoutumés, la colonne se mit en
marche. S. Exc. le chef politique, plusieurs personnes de distinction et des
milliers d'habitans l'accompagnèrent jusqu'à la *venta del Spiritu Santo*. On
a vu une dame parcourir les rangs, distribuer de l'argent aux soldats, et en
offrir, de la manière la plus délicate, aux miliciens, qu'elle croyait se trouver
dans le cas d'en avoir besoin.

— Il résulte de divers rapports parvenus au gouvernement, que les factieux d'Aragon, sous les ordres de Bessières, qui ont fait des irruptions dans
la province de Guadalaxara, se sont partagés en diverses partis: l'un s'est
porté vers les montagues d'Albaracia, un autre sur Medina-Celi, un troisième à Siguenza, et un quatrième, qui se trouvait à Molina, a été détruit
le 19 par le général Velasco : tous sont à la veille d'éprouver le même sort;
car, indépendamment des troupes de toutes armes et des miliciens volontai-
res sortis de cette capitale, ils sont poursuivis par les corps de Velasco, de
l'Empecinado, et par les milices locales; de sorte qu'il ne leur reste pas même
le moyen de s'échapper. »

(Deuxième article inculpé.)

« Les bruits répandus depuis trois ou quatre jours, au sujet des prétendus avantages remportés par les factieux aux portes de Madrid, se sont
évanouis à l'arrivée des courriers d'Espagne. Des nouvelles du 29 mandent
que les bandes de Bessières, qui, en désespoir de cause, s'étaient jetées du
côté de Madrid après avoir échoué devant Saragosse, ont été battues sur
tous les points, et fuient dans toutes les directions (Voy. l'article Espagne).
L'attitude des citoyens de Madrid, pendant les engagemens de Guadalaxara,
a été telle qu'on devait l'attendre des habitans qui ont pris part à la journée
du 7 juillet. Le plus grand ordre n'a point cessé un seul instant de régner
dans la ville ; et au moment où le courrier est parti, un enthousiasme général pour la cause nationale éclatait dans tous les quartiers de la ville.
M. le comte de Lagarde venait de recevoir ses passeports, et un courrier
avait été expédié à M. le duc de San-Lorenzo pour hâter son retour, ou
plutôt son départ.

(*) L'inculpation ne commence qu'ici, jusqu'à la fin de l'article.

» La milice de Madrid s'est couverte de gloire dans l'affaire qui a eu lieu contre le chef de révoltés Bessières. Cette milice se compose des fils de toutes les personnes distinguées de la capitale. »

(22) N° 43 , *du 12 février 1823.*

Voyez, le réquisitoire page 8, et dans l'article imprimé ci-dessus, renvoi (8) page 47, le passage suivant :

« 3° *Que l'Espagne a eu le droit de se donner une constitution.*

» 4° *Que Ferdinand n'a pas le droit de la renverser par la force des armes, et qu'il lui avait été conseillé de se borner à l'améliorer.* »

Ce passage est le seul inculpé ici, mais il est nécessaire de lire l'article entier ; il en est de même, et cette observation que l'on a déjà faite est bien essentielle, pour tous les articles dont il n'y a que des fragments inculpés.

(23) N° 61 , *du 2 Mars 1823.*

EXTÉRIEUR.

ESPAGNE.

Madrid, 21 *février.*

(Par voie extraordinaire.)

» Dès que la nouvelle de la destitution du ministère a été connue du public, un mécontentement général a éclaté dans la ville contre cette mesure. Des groupes se sont formés sur la place du Palais-du-Roi, pour demander le rétablissement du ministère ; on s'est porté ensuite à l'hôtel de ville , un des membres de ce corps s'est présenté au balcon pour inviter le peuple a signer une pétition comme un moyen légal de faire connaître ses desirs. Cette invitation a été suivie de celle de se retirer ; et le peuple a obéi avec docilité aux cris de *vive la constitution*: ceci ce passa le 19, et le soir la municipalité fit au roi l'adresse suivante :

Sire,

» La municipalité constitutionnelle de la ville de Madrid s'est réunie à 6 heures du soir aujourd'hui, et reste en séance permanente, attendu que la tranquillité publique est troublée d'une manière assez alarmante pour que V. M. s'en soit aperçue. Le premier soin de la municipalité a été de faire réunir la milice nationale à pied et à cheval, et de renforcer la garde de V. M. Non contente de cette mesure, elle a mis toute la force de la milice locale à la disposition du gouvernement militaire, pour qu'on en fît usage de la manière qui serait le plus convenable. L'adjudant don Joseph Urbina ayant été instruit de ces dispositions, et sachant que V. M. pouvait compter sur tout ce qui dépendrait de la municipalité, s'est présenté à la commune pour faire la même demande de la part du lieutenant-général don Jose Palafox.

» La municipalité ferait un acte de trahison envers V. M. si elle ne lui faisait connaître franchement que le motif de l'altération de la tranquillité publique a été le bruit répandu que le ministère avait été destitué. Les nombreux citoyens que V. M. aura vus réunis ne croient point que la déposition des divers ministères qui se sont succédés depuis 1821, au moment même où ils devaient rendre compte aux cortès de l'état de la nation , soit l'ouvrage de V.

M. Ce peuple sait que le but du gouvernement est de faire son bonheur, et il paraîtrait impossible que V. M. voulut le contraire ; tel serait cependant le résultat d'une déposition absolue du ministère, au moment où il doit rendre compte de ses opérations pour recevoir la récompense ou le châtiment qu'il aura mérité. Le peuple fonde ce jugement sur ce que V. M. a offert solennellement, à l'Espagne en 1820, d'être le premier à marcher dans le sentier constitutionnel, et sur ce que l'on peut à peine croire à d'autres sentimens de la part d'un roi pour qui cette nation magnanime, brave et généreuse a fait tant de sacrifices. La municipalité se borne à dire à V. M. qu'elle se sacrifiera pour conserver la tranquillité publique, et que, suivant son opinion, elle croit que le moment de ce sacrifice approche, à en juger par l'état où se trouve le peuple. Dans cette situation, comme V. M. voit les maux qui existent, et comme la municipalité ne peut prévoir à quel degré ils parviendront, ni être sûre de les prévenir, la municipalité supplie V. M., qu'en faisant usage de ses pouvoirs constitutionnels, elle veuille bien y apporter le remède prompt et efficace que réclament les circonstances et que méritent les sacrifices héroïques qu'a faits et que fait encore la nation en faveur de V. M.

» Dieu conserve la vie de V. M. longues années. Madrid, 19 février 1823. Suivent les signatures de tout le corps municipal.

» Dans une proclamation de la municipalité de Madrid, en date du 20, aux habitans de la capitale, après les avoir remerciés de la conduite sage qu'ils ont observée dans les jours précédens, elle les invite à se défier des suggestions des ennemis de la liberté, qui prennent le masque du patriotisme pour les plonger dans l'abîme. »

(24) Nᵒˢ 98 et 99, des 8 et 9 *Avril* 1822.

« Un journal auquel on ne répond jamais qu'avec peine, parce qu'on ne le lit jamais qu'avec dégoût, le *Drapeau Blanc*, qui, à la couleur près, conserve toutes les traditions d'une époque fameuse, affirme qu'il n'y a, dans le récit que nous avons fait des troubles de Toulouse, que mensonge, fausseté, imposture, calomnie; et nous traite de révolutionnaires et de jacobins pour avoir parlé les premiers d'un événement dont sans doute il ne voulait pas qu'il fût parlé.

» Avant de répondre au *Drapeau Blanc*, il faut revenir sur les faits qui ont excité sa colère. C'est le 25 que les troubles ont commencé, et le journal de Toulouse n'en a parlé que le 1ᵉʳ avril. On pourrait nous demander d'abord pourquoi le rédacteur de cette feuille a si long-temps gardé le silence sur des événemens dont il était spectateur; mais ceux qui connaissent la position précaire des journaux et des journalistes nous dispenseront de toute réponse.

» Le journal de Toulouse a, le 1ᵉʳ avril, parlé pour la première fois des faits qui se passaient sous ses yeux depuis huit jours. Certainement il devait avoir à nous donner des renseignemens qui lui étaient propres, mais il se borne à insérer *un article communiqué*. Le titre de l'article en signale la source, et chacun est le maître de lui accorder le degré de foi dont il le juge susceptible.

» La même feuille contient encore un arrêté du recteur de l'académie, qui déclare que *plusieurs étudians* sont entrés dans un des auditoires en proférant *des cris séditieux*, et cet arrêté est à la suite d'une lettre écrite par le professeur de cet auditoire, qui affirme qu'il s'est fait *du dehors* une irruption soudaine de vingt ou trente personnes, la plupart *étrangères à son cours*, qui ont crié toutes à la fois : *La charte! vive la charte!* L'article communiqué dit que ce nombre était d'environ *cinquante*, et que c'étaient des *étudians*.

» Voilà les seuls renseignemens que nous donne le journal de Toulouse; ils émanent tous de fonctionnaires-publics, et nous eussions désiré qu'il y eût entre les divers rapports une plus exacte harmonie.

» Voilà pour les faits ; venons maintenant aux inductions qu'en tire le *Drapeau Blanc;* nous citons ses paroles : « A qui persuadera-t-on, quand des troubles s'élèvent dans une ville, que ce ne soit point l'ouvrage des révolutionnaires? Dans quels temps les hommes fidèles au lois, fidèles au trône, fidèles à l'autel, ont-ils suscité des révoltes, provoqué des séditions ? » J'en suis fâché pour le *Drapeau Blanc*, mais sa déclamation ne produira point l'effet qu'il s'en est promis. Qu'il nous permette de lui demander où et par qui a été suscitée la révolte, provoquée la sédition qui coûta la vie à l'infortuné général Ramel? Le trouble durant lequel il fut égorgé a-t-il été l'ouvrage des révolutionnaires? Les hommes qui l'ont massacré étaient-ils fidèles aux lois, fidèles au trône, fidèles à l'autel? De quelle opinion étaient les écrivains qui ont voué les assassins à l'infamie? Nous ne verrons jamais ni légalité, ni royalisme, ni religion dans le crime; et les hommes tachés de sang, quels que soient ces hommes, nous feront toujours horreur. A ce prix, c'est avec plaisir que nous accepterons le titre de révolutionnaires et de jacobins.

» Cet honnête *Drapeau Blanc* est le seul des journaux de son parti qui nous force à rappeler des époques funestes, dont nous aimerions à perdre le souvenir. La violence de ses attaques, la maladresse de son insolence deviendra funeste, non aux principes, car il n'a jamais soutenu de principes, mais aux hommes qu'il défend. Un journal professe-t-il des opinions dont il ne saurait faire son profit, c'est un révolutionnaire; naguère à Paris, il voyait dans toutes les rues des rassemblemens de révolutionnaires; aujourd'hui les étudians de Toulouse ne sont pour lui que de petits Séïdes révolutionnaires, et s'ils applaudissent au théâtre, il voit *que le dessein des spectateurs d'insulter le trône légitime était manifeste.*

» Cette manière de diviser la France en royalistes et en révolutionnaires, est commode pour des journalistes. Je ne sais si elle est également profitable à la politique et au gouvernement; je ne sais quel intérêt il peut y avoir à dire à la France et à l'Europe que nous formons deux grandes divisions, dont l'une est ennemie de l'autre, dont l'une veut ce que l'autre ne veut pas. Que ces expressions se trouvent dans ces pétitions où l'on sollicite des places et des pensions, je le conçois; il s'agit là de préférences personnelles. Mais quand il s'agit de l'état tout entier, qu'on publie qu'une moitié est sans cesse prête à en venir aux mains avec l'autre, à propos des plus légers événemens; voilà ce que nous ne saurions concevoir. Cette assertion est-elle vraie, le publier est une grande sottise politique : est-elle fausse, c'est une infâme et infructueuse calomnie.

» Dans l'article du *Drapeau Blanc*, il est un reproche auquel nous devons répondre. Il dit qu'on a affiché deux arrêtés, l'un du maire, auquel le *Courrier* donne de grands éloges, et l'autre du préfet dont le *Courrier* ne dit pas autant de bien. » Pour toute réponse, nous rapporterons les deux arrêtés; mais nous pensons que celui du maire se bornant à prévenir le désordre et les provocations qui en ont été la suite, sans omettre les mesures nécessaires à la prompte répression du tumulte, se renferme dans les bornes prescrites par les lois à l'autorité municipale. Celui du préfet, au contraire, nous a paru sortir des limites imposées à l'autorité départementale. En effet, dire que des jeunes gens appartenant aux écoles de droit et de chirurgie, ont hautement manifesté des vœux coupables, ne nous semble pas le motif d'un arrêté de préfecture, mais bien d'un arrêt rendu par une cour d'assises, et sous ce rapport, c'est un empiétement de l'autorité administrative sur l'autorité judiciaire. Celle-ci peut seule décider si les vœux étaient coupables et si les étudians les ont hautement manifestés.

» Nous ne demandons point quels étaient ces vœux. Si l'on en croit l'article communiqué et la lettre d'un professeur, on a crié : *Vive la charte*, et si l'on n'a proféré que ce cri, nous cherchons envain où sont les vœux coupables exprimés hautement.

» L'arrêté du préfet ajoute « qu'on a proféré des cris qui, mis en opposition avec celui de *vive le Roi*, portent un caractère évidemment séditieux, » et ceci ne nous paraît pas plus heureux. Ce n'est pas l'autorité administrative qui avait le droit de décider si un cri mis en opposition avec un autre cri, est ou n'est pas séditieux. C'est empiéter sur la puissance judiciaire qui seule a le droit de déclarer quels sont les cris séditieux, et comment un cri constitutionnel en lui-même, peut devenir évidemment séditieux par son opposition avec un autre cri.

» Il y a mieux, le professeur déclare que tout était calme dans sa classe, lorsque 20 ou 30 jeunes gens étrangers à son cours sont venus du dehors crier *vive la charte !* Jusque-là, dans le système de M. le préfet, il n'y avait point de sédition, puisque le cri n'était en opposition avec rien. Il n'est devenu séditieux que lorsque les élèves du dedans ont crié *vive le Roi !* car c'est alors seulement que l'opposition entre les cris s'est établie. De telle sorte que ce sont ceux qui ont dit vive le roi qui ont constitué en état de sédition ceux qui avaient dit vive la charte. Ce raisonnement ne nous semble pas bien solide, car s'il n'y eût pas eu opposition, si on n'eût pas dit vive le roi, le cri de vive la charte était constitutionnel. Alors pour faire des séditions, il suffirait de marcher derrière les citoyens paisibles à qui il conviendrait de crier *vive la charte*, pour répondre par celui de *vive le roi*, et d'en faire par là des hommes évidemment séditieux, quoique ce fût sans leur participation et contre leur volonté que l'opposition se serait fait entendre, et que la sédition se serait établie. Si jamais on jugeait les gens sur un pareil système, le président des assises n'aurait qu'à poser la *question intentionnelle*, et tous les accusés seraient absous. On concevrait le système de l'arrêté si les cris de vive le roi avaient été proférés les premiers, et si on leur avait opposé ceux de vive la charte. Mais le contraire résulte de l'*article communiqué*, et de la lettre du professeur en droit. Ce n'est donc point l'arrêté de M. le préfet en lui-même que nous pouvons critiquer, puisqu'il n'a d'autre objet, comme celui de M. le maî-re, que le rétablissement de la paix publique. Les motifs qui le précèdent sont l'unique cause qui a fait que nous en avons dit moins de bien.

» *Arrêté de la Préfecture de la Haute-Garonne.*

(28 mars 1822.)

» Le Préfet du département de la Haute-Garonne ;
» Vu les rapports de M. le Maire de Toulouse, en date des 25, 26 et 27 de ce mois ; Considérant que, depuis plusieurs jours, le théâtre de cette ville a été troublé par des scènes scandaleuses ; que des jeunes gens, la plupart étrangers à la ville, et appartenant aux écoles de droit et de chirurgie, y ont hautement manifesté des vœux coupables ; Qu'ils y ont proféré des cris qui, mis en opposition avec celui de *Vive le Roi*, portent un caractère évidemment séditieux ; qu'ils se sont portés à de honteux excès contre ceux qui voulaient exprimer des sentimens contraires aux leurs ; que, dans l'enceinte d'une salle de spectacle, les auteurs de désordres peuvent facilement se soustraire à la surveillance et à l'action de l'autorité ;
» Considérant, en outre, que la conduite de ces aveugles instruments de la malveillance est un sujet de douleur et d'indignation pour les paisibles et dévoués habitans de cette ville ; que la prolongation de ces provocations séditieuses ne pourrait qu'augmenter l'exaspération des fidèles serviteurs du Roi, et amener de funestes résultats, arrête : le théâtre de Toulouse sera fermé jusqu'à nouvel ordre ; tout attroupement sur la voie publique sera dispersé par la force, etc. etc...

» *Le Préfet de la Haute-Garonne ,*   baron de St-Chamans.

» *Ordonnance de M. le Maire , portant défense de former des attroupemens.*

»Vu l'arrêté du 28 du courant, par lequel M. le Préfet prescrit la cessation du spectacle à raison des troubles qui s'y sont manifestés ces jours derniers ; vu les lois des 24 août 1790 , du 22 juillet 1791 , et les articles 209, 210 et suivans du code pénal ; considérant que les désordres qui ont eu lieu ces jours derniers au spectacle, les rasseemblemens, les provocations qui en ont été la suite, sont de nature à devoir être réprimés, et qu'il importe de prendre des mesures efficaces pour en prévenir le retour, maintenir l'ordre, la tranquillité publique, et rassurer les habitans fidèles et paisibles. Par ces motifs, ordonne, etc. (suivent les mesures de police locale pour l'exécution de l'arrêté du Préfet.)

» Le maire, baron de Bellegarde.

— » Le journal de Toulouse du 3 avril donne la relation suivante des évé nemens qui ont succédé aux troubles que nous avons fait connaître. Ce journal donne, ainsi que nous l'avons fait précédemment, beaucoup d'éloges à la modération et à la prudence du maire de cette ville.

« Après les scènes de trouble et de désordre dont Toulouse était depuis quelques jours le théâtre, les autorités avaient à craindre que des rassemblemens et des provocations semblables ne se renouvellassent dimanche dernier, jour où les habitans célébrèrent le *férétra* de Saint-Etienne. Elles avaient en conséquence réuni sur l'immense promenade qui lui est consacrée, la brigade de gendarmerie, un fort détachement d'artillerie à cheval et de nombreux piquets d'infanterie. A mesure que les groupes se formaient, MM. les commissaires et inspecteurs de police, appuyés de la force armée, avaient le soin de les dissiper. M. le maire baron de Bellegarde, dont on ne peut trop louer dans cette circonstance le zèle et la tendre sollicitude, s'était rendu lui-même sur les lieux pour veiller au maintien de la tranquillité publique et observer tous les mouvemens. Rien n'annonçait encore qu'ils seraient de nature à exiger l'intervention de la force, et l'*allée du canal*, remplie d'une foule considérable présentait l'aspect d'un véritable jour de fête. Cependant, vers les six heures et demie du soir un nombre considérable de jeunes gens se portait spontanément vers la grande allée, et semblait déboucher par plusieurs points sur ce lieu de réunion. Le rassemblement fut bientôt porté à 7 ou 800 personnes, appartenant la plupart aux écoles de droit et de médecine, et aux maisons de commerce. Bientôt le signal du départ fut donné, et cette petite troupe rangée par trois de front, traversa le Boulingrin, entra dans la ville par la porte Montolieu, et en parcourut silencieusement plusieurs quartiers. De la place Bourbon, une partie de ceux qui la composaient se rendit sur la place du Capitole. Sommés alors de se séparer, la plupart se réfugièrent dans un café déjà signalé à l'autorité pour être le foyer des mouvemens des jours précédens. M. le préfet et M. le maire, qui s'étaient rendus à l'Hôtel de Ville, ordonnèrent sagement de faire évacuer le café. Un commissaire de police revêtu de son écharpe, invita ces jeunes gens à se retirer. Tous déférèrent sans résistance à cette invitation, et firent entendre en sortant quelques cris de *vive la charte*. Grâces à la prudence des agens du pouvoir, aucun évènement fâcheux n'est à déplorer, et les groupes ont été dispersés sans effusion de sang. Deux individus seulement ont été arrêtés pendant la nuit en vertu d'un mandat d'amener, et ont déjà subi interrogatoire devant le juge d'instruction. On porte à onze le nombre des personnes qui depuis le 25 mars ont été conduites dans les prisons du Sénéchal. La journée de lundi n'a été marquée par aucun trouble et par aucune provocation. La tranquillité la plus parfaite s'est constamment maintenue; et les duels qui avaient eu lieu précédemment ne se sont pas renouvellés. »

(25) N° 155, *du 4 juin* 1822.

» Aujourd'hui, 3 juin, anniversaire du jour où le jeune Lallemand fut tué sur la place du Carrousel, les condisciples de cet infortuné jeune homme étaient convenus de faire célébrer un service solennel en l'honneur de leur ancien camarade; ce service devait avoir lieu ce matin à Saint-Eustache; les personnes invitées pour cette pieuse cérémonie ont trouvé les portes de l'église occupées par des gendarmes, qui leur en ont interdit l'entrée; alors une troupe de trois à quatre mille jeunes gens, précédée des commissaires choisis par les étudians pour faire célébrer le service, s'est dirigée dans le plus grand ordre vers le cimetière du Père-Lachaise, où se trouve le tombeau élevé à Lallemand par les jeunes gens du commerce et des écoles.

» Un détachement de gendarmerie et de troupes de ligne, stationné sur le boulevard, près du Gymnase, arrêta la tête de la colonne et interdit aux jeunes gens de passer outre. Ils se divisèrent alors en plusieurs détachemens, et se rendirent par les rues adjacentes à la place de la Bastille où, s'étant réunis de nouveau, ils se dirigèrent vers le cimetière du Père-Lachaise.

» Les approches du cimetière étaient gardées par des gendarmes qui en défendirent l'accès aux jeunes gens lorsqu'il se présentèrent. Plusieurs des

commissaires qui conduisaient la troupe s'avancèrent et se plaignant de
l'obstacle qu'on opposait à leur marche demandèrent en vertu de quel ordre on leur fermait l'entrée d'un lieu public. Un officier de gendarmerie
répondit à cette interpellation en tirant son sabre et en s'écriant : Voilà
mon ordre ! Il n'y eut néanmoins aucune altercation. Les jeunes gens s'ar-
rêtèrent près des gendarmes ; un discours sur l'anniversaire qui rassemblait
les étudians de Paris, fut prononcé et la retraite commença ensuite avec
ordre et dans un profond silence. Une grande partie de la colonne avait
déja défilé, lorsque le commandant trouvant qu'elle se retirait trop len-
tement, enjoignit aux jeunes gens qui se trouvaient à la queue de hâter
le pas. Ceux-ci représentèrent qu'ils ne pouvaient aller plus vîte ; les gendarmes commencèrent à les presser et bientôt ils reçurent l'ordre de charger, sans qu'il eût été fait aucune sommation préalable (*). Alors les jeunes
gens se retirèrent en désordre, plusieurs d'entre eux se jetèrent av : pré-
cipitation dans les maisons ouvertes et essayèrent de se barricader avec des
voitures, quelques-uns furent blessés plus ou moins grièvement, un plus
grand nombre a été arrêté. On a observé qu'aucun des individus qui composait ce cortège ne portait de canne, afin sans doute d'ôter tout prétexte à
la violence.

» Les jeunes gens, dispersés momentanément, se réunirent de nouveau
sur le boulevard et se dirigèrent vers la maison du jeune Lallemand, devant laquelle ils défilèrent la tête découverte et dans un silence religieux.
Ils se rendirent de-là toujours en ordre et en silence sur la place du Panthéon, et se rangèrent en demi-cercle faisant face à l'école de droit. On
en voyait un grand nombre qui élevaient leurs bras pour recommander le
silence et le calme. Deux gendarmes parurent alors au milieu des étudians,
sans autre motif apparent que de traverser leurs rangs. On se rangea pour
leur ouvrir un passage. Mais un moment après un domestique en livrée
voulut passer à travers les rangs. Quoiqu'un grand nombre de voix crias-
sent qu'il fallait le laisser passer, il fut saisi au collet ; à l'instant un com-
misaire de police se présenta suivi de plusieurs gendarmes. Toutefois les
gendarmes mirent dans leur langage et dans leur conduite, une douceur et
des ménagemens propres à prévenir toute scène fâcheuse. L'air retentit autour d'eux d'acclamations qui leur étaient favorables. Les jeunes gens leur
prirent la main, quelques-uns même montèrent sur les chevaux pour
montrer aux plus éloignés le bon accord qui venait de s'établir. Alors, malheureusement, un détachement d'infanterie arriva précipitamment au milieu de la foule, la bayonnette croisée. Les jeunes gens montèrent aussitôt
sur les tas de pierres qui se trouvent en plusieurs endroits de la place du
Panthéon et de là ils firent pleuvoir les pierres sur le détachement qui
fut forcé à la retraite. Les gendarmes qui étaient restés sur la place
ne furent l'objet d'aucun acte hostile. L'ordre et le calme se rétablirent

*L'*Étoile* de ce soir raconte cette circonstance de la manière suivante : « Avant
» d'être arrivés au Père-Lachaise, ils (les jeunes gens) ont été vigoureusement
» chargés par la gendarmerie de Paris, commandée par M. le chef d'escadron
» d'André. Un assez grand nombre ont été blessés. »

promptement, les jeunes gens se retirèrent et la place ne tarda pas à être évacuée.

» Tels sont les faits qui nous ont été racontés par des témoins oculaires et que nous avons cru devoir consigner ici, attendu que, dans les circonstances de cette nature, il n'est que trop ordinaire de voir l'esprit de parti chercher à les dénaturer. »

(26) N° 156, *du 5 juin* 1822.

« *Au rédacteur du* Courrier Français.

Monsieur,

»Quelques journaux ont raconté inexactement des faits qui me concernent. Je crois utile de rétablir ces faits et je vous prie d'insérer ma lettre.

» Ayant reçu, il y a quelques jours, l'invitation d'assister au service du jeune Lallemand, tué le 3 juin 1820, à l'époque de la tentative d'assassinat, dirigée par des militaires déguisés contre plusieurs membres de la chambre, j'ai cru de mon devoir, car la reconnaissance est un devoir, de me rendre à cette invitation.

» Ma conviction intime a toujours été, et je l'ai exprimée comme député à la tribune, et comme témoin devant les tribunaux, ma conviction, dis-je, a toujours été que, si l'assassinat médité par les militaires dont j'ai parlé n'a pas eu son exécution, ceux de mes collègues que ces militaires avaient choisis pour victimes ont dû leur salut aux généreux citoyens qui, désarmés, sont venus placer leur poitrine entre les assassins et nous. Je regarde donc comme une obligation impérieuse de rendre dans toutes les occasions, un hommage public à la mémoire d'un infortuné jeune homme qui a péri dans l'une de ces funestes journées.

» Arrivé sur la place avec mon collègue M. Thiars, nous avons vu stationner un piquet de gendarmerie, et nous avons appris que le service n'aurait pas lieu. L'*Etoile* dit que j'ai ordonné qu'on ouvrît les portes de l'église. C'est un mensonge de l'*Etoile* auquel le *Moniteur* s'est associé. La voiture dans laquelle nous nous trouvions, M. de Thiars et moi, s'éloignait par une rue adjacente, lorsque quelques jeunes gens m'ont reconnu, m'ont salué, et j'ai entendu mon nom répété par plusieurs d'entre eux. Aussitôt une douzaine de gendarmes a entouré la voiture et l'a arrêtée. Nous avons demandé par quel ordre. On nous a répondu que c'était par ordre de l'autorité civile. Au bout de quelques minutes, un commissaire de police s'est présenté, l'ordre n'était pas émané de lui. La *Quotidienne* suppose que je n'ai pas manqué de dire que j'allais à la messe de Notre-Dame. Ce journal se trompe. J'ai dit ce qui était vrai, que nous étions venus, mon collègue et moi, pour assister au service funèbre du jeune et malheureux Lallemand, et la consigne a été levée.

»J'ajouterai peu de réflexions à ce récit. Celles que doivent faire naître les événemens d'hier et tous ceux qui se passent chaque jour ne peuvent échapper à personne. La joie qu'un journal semi-officiel manifeste de ce

que des jeunes gens qui avaient déposé même leurs cannes ont été vigoureusement chargés, et de ce qu'un assez grand nombre a été blessé,
rappelle la férocité d'une autre époque. Les mêmes souvenirs s'offrent à
l'esprit quand on lit dans une autre feuille l'accusation d'incendie rappro-
chée du désir que témoignaient les jeunes camarades de Lallemand d'honorer la mémoire d'un ami, et combinée avec la présence de quelques députés qui partageaient ce désir. Fouquier-Tainville ne faisait pas mieux.
L'anarchie constatée par un ordre d'arestation, émané on ne sait d'où,
à l'insu du chef, n'a rien de surprenant, dans un moment où tous les pouvoirs semblent confondus, où le ministre de la guerre s'arroge à-la-fois le
droit d'exiler hors de France et celui de faire grâce, où le ministre de l'intérieur permet à ses agens de hausser à leur gré le cens électoral, et où la
police, qui a encouragé dans les quartiers les plus populeux de la capitale,
au risque de provoquer des agitations, des cérémonies inusitées et au moins
superflues, envoie des troupes contre un service religieux, tel qu'on en
célèbre chaque jour et tel que chaque citoyen a droit d'en faire célébrer
pour un parent ou pour un ami.

» Ces choses, et toutes celles qui pourront les suivre, sont affligeantes,
mais inévitables. Au moment où l'aurore de la contre-révolution s'annonçait, je disais à la chambre : » La digue qu'oppose avec indécision et mo-
» lesse à la contre-révolution imminente, le ministère actuel, cette digue
» cède, plie, s'ébranle : elle est sur le point d'être brisée. Ce qui en 1817
» n'était qu'irrégulier, en 1820 sera terrible.. Ce qui en 1817 n'était vicieux
» qu'en principe, en 1820 sera effroyable en application. » (séance du 7
mars 1820). Ma prédiction s'est vérifiée deux années plus tard. La digue
a été brisée, l'ancien ministère subit la peine de son long aveuglement. Le
nouveau ministère obéit et ne peut qu'obéir au flot qui l'a porté.

» Rien ne peut donc surprendre, rien ne doit effrayer. Le cœur est dé-
chiré de voir des sentimens pieux et doux frappés sans pitié dans une noble jeunesse : mais la raison nous dit que les factions se perdent par leur
violence même, et de la sorte cette violence qui éclaire tôt ou tard et les
rois et les peuples, est l'espoir le plus assuré des hommes de bien.

» Agréez, etc.   Benjamin Constant.

— » Des patrouilles circulaient aujourd'hui dans le quartier Saint-
Jacques, des détachemens de gendarmes étaient stationnés sur la place
Sainte-Geneviève.

— » D'après les informations que nous avons prises, le nombre des
jeunes gens qui ont reçu hier des blessures plus ou moins graves, s'éle-
vait à quinze environ. La *Quotidienne* portait ce nombre plus haut sur un
seul point. « La gendarmerie, dit-elle, ayant mis le sabre à la main, a
chargé la bande vigoureusement; plus de vingt élèves ont été blessés. »

— » La quantité de ceux qui ont été arrêtés au milieu ou à la suite des
charges est à peu près d'une vingtaine. Parmi eux sont trois des commissaires qui avaient le plus contribué à maintenir l'ordre parmi leurs
condisciples, et à ôter tout prétexte de plainte à l'autorité. C'est à leur
arrestation, sans doute, que le *Drapeau blanc* fait allusion en disant que
» trois des insurgés étant venus insolemment, jusque dans l'intérieur de

la préfecture, réclamer leurs camarades, on leur a procuré le plaisir d'aller les rejoindre en les arrêtant eux-mêmes. »

(27) N°. 173, *du 22 juin* 1822.

« En attendant que l'*Ami de la Charte* puisse publier avec les développemens nécessaires les débats du procès auquel a donné lieu la prétendue conspiration de Nantes, il offre le récit des événemens qui ont suivi l'acquittement des prévenus. Nous en extrairons les faits suivans :

(*) » L'autorité avait déployé toutes les forces qui étaient à sa disposi-
» tion, le jour où on a prononcé le jugement. La place du Bouffai, située
» devant le palais, était garnie de troupes de toutes armes, commandées
» en personne par M. le lieutenant-général Despinois ; un cordon de cuiras-
» siers était placé devant la bourse, et une foule innombrable attendait le
» résultat qui a excité des transports qu'on s'efforcerait en vain de décrire.

» Tout s'était passé convenablement ; lorsque les cuirassiers ont reçu
» l'ordre de charger sur des citoyens paisibles.

» Des citoyens ont été poursuivis jusques dans les boutiques où ils se
» réfugiaient ; d'autres ont été emprisonnés, et d'autres ont failli périr.

» En sortant du tribunal on était pressé de descendre par les troupes
» qui étaient au haut de l'escalier, et au bas on était chargé par les cui-
» rassiers.

» M. Tréluyer fils a failli être étouffé, se trouvant entre les selles de
» deux cavaliers, il s'est réfugié dans une boutique située auprès du palais,
» d'où on est parvenu à le faire sortir.

» M. Dijon fils, filateur, rue du Calvaire, s'est trouvé dans la même
» situation, et s'est réfugié sous la voiture qui attendait M. Mosneron au bas
» du perron du palais.

» M. Belon, passementier, rue Contrescarpe, a reçu sur le bras gauche
» un coup de sabre.

» Un particulier, dans la boutique duquel quelques citoyens s'étaient
» retirés, s'est opposé à ce qu'on les en arrachât. Il s'est tenu sur le seuil de
» sa porte et a fait respecter son domicile, en disant qu'on ne pouvait entrer
» chez lui qu'avec les formalités voulues par la loi.

» M. Tusson, chapelier, près de quitter le perron du palais, en sor-
» tant de l'audience, vit que, sur l'ordre de M. le lieutenant-général Despi-
» nois, on chargeait et sabrait les habitans ; il remonta promptement au
» tribunal où M. le président était encore, et lui représenta qu'on avait, sur
» son ordre, paisiblement évacué la salle, et que cependant au bas du palais,
» des troupes chargeaient ceux qui sortaient. — Faites votre déposition,
» lui répondit ce respectable magistrat. — M. Tusson suivit ce conseil.

» M. Stanislas Coquebert, l'un des membres du jury, a été chargé par
» un cuirassier, et aurait infailliblement reçu un coup de sabre, s'il ne se fût

(*) L'inculpation commence ici, et finit à ces mots : « *à son domicile.* (**)

» mis sous une charrette. Il sortit peu après de sa retraite en manifestant
» hautement à un officier de police sa juste indignation.

» Un médecin voyant la charge que la cavalerie faisait sur le peuple,
» et près de quitter les premières marches du palais, s'adressa en ces termes
» à un commissaires de police : M. le commissaire, au nom de la loi, je vous
» somme de me protéger. M. le lieutenant-général Despinois qui entendit
» quelque chose de ces paroles, s'avança et demanda à ce citoyen ce qu'il
» disait. Celui-ci répéta sa phrase, et M. le commissaire de police lui accorda
» la protection qu'il demandait.

» Dans la rue de la Poissonnerie, rue assez étroite, on est parvenu à
» arrêter la charge au moyen de charrettes et de chaises avec lesquelles on a
» barré le passage.

» Une femme est tombée près du palais, sous les pieds du cheval d'un
» trompette de cuirassier : elle a été dangereusement blessée, et on l'a trans-
» portée à son domicile. (**)

» Le 16, sur le grand Cours, après la parade, M. le lieutenant-général
» Despinois s'est promené : plusieurs citoyens, dont les amis ou les parens
» avaient couru des dangers le jour précédent, se sont permis de siffler en
» voyant M. le lieutenant-général Despinois, qui commandait la veille en
» personne. Ce général a fait rappeler de suite les troupes qui venaient de
» se retirer. Les gendarmes et les fantassins sont spontanément revenus, et
» on a arrêté plusieurs promeneurs, qui ont été conduits les uns au corps-
» de garde, et les autres à la prison du Bouffai, sous bonne escorte. M. le
» préfet et M. Petit-Desrochettes, adjoint de M. le maire, sont ensuite arri-
» vés sur le Cours, et tout est rentré dans l'ordre. »

» Ces faits, qui sont attestés par M. Victor Mangin fils, éditeur de l'*Ami
de la Charte* se trouvent reproduits et confirmés dans plusieurs lettres que
publie le même journal, et qui sont signées par M. Chevallereau, avocat,
M. A. Leray et MM. E. Guesdon, le Lorrain, ex-officier, Fouquet aîné,
ex-officier, et Guillemet, employé dans le génie. »

(28) N° 222, *du 10 août* 1822.

« Par un arrêté du conseil de l'académie d'Aix, tout étudiant en droit
ou en médecine, convaincu d'avoir donné ou accepté un cartel, ou parti-
cipé à un duel, sera passible des peines portées par l'art. 18 de l'ordonnance du 5 juillet 1820. Sans doute, il serait à desirer qu'on pût faire
disparaître de nos mœurs cette coutume barbare d'attacher la réparation
d'une offense à la chance d'un meurtre; mais lorsque la loi et les tribunaux
n'infligent aucune punition aux citoyens qui obéissent à ce funeste préjugé
national, convient-il de mettre une classe de jeunes gens dans une exception particulière ? N'est-ce pas les exposer aux outrages de tous ceux
qui voudront les insulter, que de les placer ainsi entre la perte de leur
honneur ou celle de leur profession ? »

(29) N° 259, *du 16 septembre 1822.*

» Depuis quelques jours, il n'est question, dans certains journaux, que d'arrêts de mort mystérieux. Un journal annonçait dernièrement qu'on en avait saisi la fabrique chez un imprimeur qui fabriquait des condamnations, comme d'autres fabriquent des almanachs. La veille, c'étaient les rédacteurs du *Drapeau Blanc* qui déclaraient avoir reçu aussi leurs condamnations, et qui rassuraient le public, en lui apprenant que cela ne les empêcherait pas d'écrire comme à l'ordinaire. Pour procéder avec plus d'ordre, on va même jusqu'à donner le numéro des arrêts de mort. Nous ne répondrons à ces journaux, que par une question : Qui est mort jusqu'à présent de ces condamnations, où, quand, comment, par qui, sur qui, un arrêt de cette nature a-t-il été exécuté? Ne voyez-vous pas que vous faites les héros à peu de frais, et que personne ne prend le change sur le calme stoïque avec lequel vous proclamez votre mépris pour des dangers que vons savez bien ne pas exister. En France on se connaît en courage, c'est pour cela qu'on n'en accorde pas les honneurs à ceux qui se répandent en vaines fanfaronnades à l'occasion d'un péril imaginaire. Il faut que vous comptiez beaucoup sur la stupidité de vos lecteurs, pour essayer de leur persuader que des assassins aussi habiles que ceux dont vous voudriez leur faire peur, aient bien soin de prévenir d'avance leurs victimes, afin qu'elles se tiennent sur leurs gardes. Peu d'assassins, jusqu'à présent, ont poussé aussi loin la courtoisie. Ne voyez-vous pas d'ailleurs que l'abus que vous faites de ce moyen l'a décrédité d'avance? Vous en êtes déjà au numéro 123, dans huit jours vous en serez au numéro 30,000; car, qui ne voudrait pas réclamer sa part de condamnation, de danger et de courage? Qui n'aura pas en poche son petit papier avec la tête de mort et le poignard dessiné à la plume, surtout si ce papier peut, avec avantage, être mis à l'appui d'une demande d'emploi ou de pension? Usez-en de cette manière, puisque vous n'êtes pas difficile sur le choix des moyens, mais ne remplissez pas chaque jour vos colonnes de ces contes qui feraient sourire des enfans; usez-en pour votre compte, mais gardez-vous d'y mêler aucun nom connu; car ce serait dépasser les bornes que doit avoir ce petit artifice polémique. »

» Voilà ce que nous dirons à ces journaux, et ce que nous serons en droit de leur répéter, tant qu'un procès et un arrêt solennel n'auront pas montré ce qu'il faut penser de ces formidables sentences, espèce de découverte nouvelle exploitée depuis quelques jours avec tant d'activité. Ce que veuleut les journaux qui se font les échos continuels de ces absurdes inventions, est facile à voir. A l'aide de ces condamnations imaginaires, ils espèrent en obtenir quelques-unes bien véritables et bien réelles; ces arrêts de mort, dessinés à la plume, leur paraissent un moyen de faire prononcer des arrêts en bonne et due forme. Ils ont encore un autre espoir qu'ils fondent sur le prochain congrès. La *Quotidienne* réclame une grande mesure comunne à tous les états; c'est, sans donte, une loi carbonarique, comme il en existe en Italie, loi pleine de charité, de morale et de religion, que le pape , lui-même , a proclamée dans ses états, et en vertu de laquelle le fils doit dénoncer son père ; la sœur , son frère ; l'ami, son ami ; le domestique , son maître. C'est probablement là ce que demandent ces grands défenseurs de la morale, pour qui le plus sûr moyen d'assurer le repos de la société, est d'offrir une prime d'encouragement à tout ce qu'elle renferme de vil et d'infâme dans son sein. Nous voyons déjà ces feuilles plaisanter agréablement sur la pitié qu'inspirent des condamnés ; le *Moniteur* n'a pas rougi de se faire l'écho d'un article sanguinaire publié par le Courrier anglais. L'*Etoile* se moquait hier de *nos beaux sentimens d'humanité :* heureux encore, aujourd'hui, quand ces *beaux sentimens* ne sont combattus que par des plaisanteries de journaux, car , déjà, l'on emploie contre eux d'autres armes. Tels sont sans doute les degrés par lesquels on prétend nous conduire à cette *salutaire terreur ,* dont la nécessité était préconisée hier encore , dans le *Drapeau Blanc ;* mais les gens accoutumés à avoir peur , croyent la terreur plus facile à établir qu'elle ne l'est peut-être réellement. La raison publique ne se paie pas de vaines allégations. *Le comité directeur , la haute vente , la vente suprême ,* et vingt autres mots semblables , fussent-ils encore plus sonores , fussent-ils accompagnés de phrases encore plus boursoufflées que celles dont on a déjà tant rebattu les oreilles du public , ne sont à ses yeux qu'une espèce d'épouvantail qui ne lui inspire pas la moindre crainte ; un fait simple , mais avéré, ferait plus sur sa conviction , que tous les efforts d'imaginative , que tous les effets de rhétorique prodigués depuis quelque temps. Les condamnations dessinées à la plume n'obtiennent pas plus de crédit , et c'était folie de croire qu'une telle absurdité ferait fortune chez nous. Quels que soient les desirs du *Drapeau Blanc ,* deux grands obstacles s'opposent à l'établissement de *la terreur salutaire.* C'est , d'une part , cette raison publique à laquelle nous venons de rendre hommage ; c'est de l'autre , cette pitié publique qui s'est tant de fois signalée d'une manière si touchante. L'une a les yeux ouverts sur les manœuvres ténébreuses ; elle devine le mal à sa naissance , et suffit quelquefois pour le prévenir ; l'autre veille pour réparer le mal commis, ou du moins pour en arrêter le cours. Ce sont là deux ennemis bien redoutables pour les partisans de la *salutaire terreur ,* car on ne peut ni les détruire, ni les tromper. On peut les braver sans doute , mais on ne les brave pas long-temps. »

(30) N° 297 , 24 *octobre* 1822.

« On lit aujourd'hui dans plusieurs journaux l'article suivant qui a nécessairement un caractère sérieux , puisqu'il a été inséré aussi dans le *Moniteur* :

« Plusieurs journaux ont parlé d'une saisie de lames de poignards faite
» par les préposés des douanes au bureau de Sierck, au moment où l'on cher-
» chait à introduire en France ces armes prohibées. Nous pouvons assu-
» rer que ces lames offrent des emblêmes plus effrayans , peut - être , et
» surtout plus significatifs que les armes mêmes. Ainsi , sur l'une d'elles ,

» on voit d'un côté une urne , un sceptre renversé , une epee avec trois
» étoiles sur la partie supérieure ; de l'autre coté, est une horloge de sable,
» une faulx, un sceptre brisé, une béquille et un masque ; au-dessous on
» aperçoit un faisceau entouré de rameaux , comme ceux qui sont repré-
» sentés dans les emblêmes républicains. Sur une autre lame, on voit fi-
» gurer des instrumens de supplice. On se demande à qui peuvent être des-
» tinés de semblables présens , tirés des pays étrangers. »

» Avant d'exprimer une si profonde terreur sur ces emblêmes, il aurait
fallu du moins en expliquer le sens , car les gens les plus disposés à avoir
peur, ne peuvent s'effrayer sur parole avant qu'on leur ait fait saisir le rapport qui existe entre une épée et un masque , une urne et une béquille, une étoile
et une faulx. Que faut-il penser de cette conspiration hyérogliphique, voya-
geant par le roulage, et arrivant de l'étranger en France pour opérer une
révolution, au moyen de douze lames artistement travaillées ? La première
réflexion qui se présente , c'est que l'art de dessiner sur les lames d'acier
s'est singulièrement perfectionné, et si ces progrès continuént , il ne faut
pas désespérer de voir graver sur un sabre tout ce qu'Homère a décrit sur
le bouclier d'Achille. Dieu sait à quelles conjectures une telle arme don-
nerait lieu , puisque des poignards qui sont si loin de cette perfection, ont
paru si redoutables ! mais lors même que le sens des emblêmes tracés
sur ces poignards, serait vraiment de nature à effrayer, que faudrait-il
en conclure ? En quoi une lame , enjolivée de dessins , est - elle plus dangereuse qu'une lame toute simple ? C'est par la volonté de celui qui se sert
d'une arme , et non par les devises qu'elle porte, que cette arme est criminelle. Si celui qui médite un crime s'amusait à faire venir de l'étranger
un poignard orné d'emblêmes , on pourrait être bien tranquille, il aurait
eu le temps de la réflexion , et à coup sur le crime ne serait pas commis.
Et d'ailleurs les signes tracés sur une arme sont-ils un indice incontestable
de l'usage auquel elle doit servir ? Combien de sabres sur lesquels était tra-
cée la devise *vaincre ou mourir* , et qui n'ont jamais contribué à une victoire, ni causé la mort de ceux qui s'en servaient ! Si , par hasard, on
trouvait un poignard sur lequel serait gravé le mot *extermination*, faudrait-il en conclure qu'il doit exterminer tous ceux qui en approcheront,
et qu'il va paraître quelque Attila nouveau ? Voilà des questions que nous
proposons aux journaux qui ont inséré cet article. Lorsqu'ils y auront répondu , nous demanderons s'il a été établi une grammaire ou un diction-
naire des emblêmes où leur sens soit fixé légalement et irrévocablement ;
jusqu'ici nous avions cru qu'il en était des emblêmes comme du son des
cloches , et que chacun pouvait les expliquer à sa manière. »

(31) N° 328 , *du 24 novembre* 1822.

« Le *Moniteur* avait rapporté , sans réflexions aggravantes , ce qui s'est
passé à la séance de rentrée de la Faculté de médecine. Tancé vertement
par la *Quotidienne*, pour n'avoir point tiré parti de ce petit événement,
il se rétracta précipitamment le lendemain , et présenta la chose sous un

jour beaucoup plus grave. Il était facile d'entrevoir dès-lors que cette affaire aurait des suites, mais le *Moniteur* annonçait une enquête ; et comme une enquête n'a pour but que de constater les faits, et les individus qui y ont pris part, on pouvait croire que tout se bornerait à des peines de discipline contre les personnes qui se trouveraient désignées par l'enquête, comme ayant eu le plus de part au tumulte. Il n'en a point été ainsi. La *Quotidienne* nous annonce aujourd'hui que l'École de médecine pourrait bien être supprimée ; mesure pour laquelle il n'y avait pas besoin d'enquête. Mais le *Moniteur* ne laisse plus de doute : il publie l'ordonnance qui supprime l'Ecole de médecine de Paris. Quoiqu'il eût été plusieurs fois question de cette mesure, personne ne pouvait y croire, et même encore aujourd'hui on peut à peine se persuader de sa réalité. Ce ne sont pas seulement les élèves présens au tumulte que l'on punit, c'est la totalité des élèves, qui n'a pu ni prendre part au tumulte, ni même en avoir connaissance. Toutefois, si cette mesure ne frappait que les élèves, tout en songeant que la rigueur s'écarte souvent des voies de la justice et de la sagesse, on pourrait encore l'expliquer ; mais elle frappe une multitude de familles, elle frappe tout un quartier de la capitale, et, ce qui est bien plus, elle frappe la France dans une des plus belles parties de sa gloire ; elle frappe la science ellemême et l'humanité tout entière, intéressée aux progrès de la science. Depuis trente ans la médecine et la chirurgie ont fait des progrès immenses, et ces progrès sont presque entièrement dus à la Faculté de Paris. Cette Faculté était devenue le centre du monde savant ; tous les étrangers y affluaient ; les sujets qu'elle avait formés étaient accueillis avec empressement dans toutes les parties de l'Europe ; les gens habiles des autres pays ne dédaignaient pas de venir s'instruire à cette école, reconnue la première entre toutes les écoles du monde.

» Faudra-t-il que Paris, que la France, que la jeunesse, que l'Europe entière, soient privés de cette admirable institution ; que l'art le plus utile à l'humanité soit arrêté dans sa marche ; que les lumières de tant d'habiles professeurs soient perdues pour leurs contemporains ; que tant de dépôts précieux de richesses scientifiques soient désormais sans emploi et sans utilité ? Il est impossible d'admettre cette idée et de ne pas regarder comme une simple suspension ce qui est annoncé comme une suppression. Cette opinion semble même justifiée par les faits qui ont donné lieu à l'ordonnance insérée dans le *Moniteur* de ce jour. Nous ne prétendons point discuter ces faits ; le résultat de l'enquête dont ils ont été l'objet n'a point été publié, et par conséquent ils ne sont point suffisamment connus : mais, en admettant même la version des journaux qui nous sont opposés, il n'est question ni d'un complot, ni d'une sédition, ni d'une attaque à main armée, ni, en un mot, d'aucun de ces actes qui semblent motiver des mesures promptes et sévères : cependant celle qu'on vient de prendre est la plus rigoureuse qu'on ait jamais pu adopter.

» C'est un mauvais moyen de corriger les jeunes gens, que de les livrer à un désœuvrement forcé, que de leur fermer les sources de l'instruction, que de leur interdire les études qui doivent faire d'eux des citoyens utiles à l'état et à leurs semblables. La jeunesse n'a été que trop calomniée depuis quelque tems par certains journaux et dans certains écrits. Les préventions qu'un parti a cherché à semer contre elle ne peuvent lui ôter les droits qu'elle a à la sollicitude du gouvernement et à un enseignement tel que le comporte l'état actuel des sciences. C'est du gouvernement seul qu'elle peut réclamer ce bienfait, puisque le gouvernement a chez nous le privilége exclusif de l'instruction publique. Refuser ce bienfait à la jeunesse qui le demande, ce ne serait pas seulement blesser une foule d'intérêts et arrêter l'essor des sciences, ce serait encore compromettre ce que la France a de plus cher, sa gloire et son avenir. »

Nota. Cet article, inculpé ici tout entier, l'est encore à la quatrième partie du réquisitoire, mais seulement pour le premier alinéa jusqu'à ces mots : Écoles du monde. *Voyez le réquisitoire, page* 24, *et plus bas le renvoi* (72), *page* 115.

(32) Nº 44, *du* 13 *février* 1823.

« Une lettre de Rennes du 7 février, nous transmet les détails suivans :

» Le 4 février, M. Jules Peuvré, âgé de 22 ans, étudiant en droit, fut blessé mortellement dans un duel. On le reporta chez lui dans un état désespéré, et après qu'il eût passé quelques heures dans les souffrances les plus aiguës, un de ses amis qui le veillait, alla chercher un prêtre pour lui administrer les secours de la religion. Quand le prêtre arriva, le malheureux Peuvré, déjà près de sa fin, ne put répondre aux questions qui lui furent adressées, et le prêtre, après lui avoir donné sa bénédiction, se retira en disant qu'on l'avait appelé trop tard. Le malheureux jeune homme mourut peu après, et le lendemain le curé de sa paroisse refusa de lui accorder la sépulture ecclésiastique, attendu qu'il n'avait pas reçu les sacrémens.

» Les camarades du jeune Peuvré ne renoncèrent point à lui rendre les honneurs funèbres. Ils firent imprimer et distribuer des billets ainsi conçus :

» Vous êtes invités à accompagner à sa dernière demeure, aujourd'hui » jeudi, 6 février, à dix heures du matin, le corps de l'infortuné Jules » Peuvré, du Mans (Sarthe), décédé à la suite d'un accident funeste, rue » aux Foulons, hôtel de la poste.

» Les ministres d'un Dieu de miséricorde lui refusent les derniers de- » voirs ; mais vos prières et les nôtres n'en arriveront pas moins aussi » promptement aux pieds de l'Eternel.

» C'est de la part de ses nombreux amis.

» Rennes, le 6 février 1823 (*).

» Le 6 février, à 10 heures du matin, heure fixée par le commissaire de police, on fit la levée du corps. Environ 700 personnes de tout âge formaient le cortége. Le corps, précédé par le commissaire de police, était porté par quatre étudians en droit, quatre autres tenaient les coins du

(*) L'inculpation s'arrête ici.

drap. Le cortége traversa les principales rues de Rennes , quoique ce ne fût
pas le chemin direct du cimetière. Malgré le mauvais temps , les camarades
du jeune Peuvré restèrent pendant tout le trajet la tête découverte. Arrivés
au lieu de la sépulture, un d'eux rappela dans un court éloge les excellentes
qualités qui avaient rendu le jeune Peuvré cher à tous ses camarades. Tous
les auditeurs furent émus , et témoignèrent par des larmes la profonde im-
pression que cette scène a laissé dans leur cœur. »

(33) N° 64 , *du 5 mars* 1823.

» Une lettre de Marseille , en date du 27 février , nous transmet les détails suivans :

» Un grand nombre de jeunes gens de Marseille avaient projeté une
grande mascarade , d'abord pour le dimanche gras , et ensuite pour le
mercredi des cendres , jour consacré à Marseille , de temps immémorial ,
à des divertissemens de ce genre. La permission de l'autorité municipale
qui , leur avait d'abord été accordée , ayant été révoquée au moment de
l'exécution de leur projet , ils renoncèrent à la mascarade sans renoncer à
la promenade qu'ils avaient concertée. Les jeunes gens, en grand nombre ,
montèrent à cheval ; quelques-uns étaient coiffés de bonnets blancs ; ils se
rendirent en grand cortége à la promenade d'Arène. Malheureusement ce
jour était aussi un jour de procession , et une de ces processions ayant rencontré la cavalcade , il s'en suivit quelque encombrement. L'autorité ayant
cru devoir intervenir , le maire enjoignit aux jeunes gens de se retirer ; cet
ordre ayant donné sieu à quelques observations et n'ayant pas été exécuté
aussi promptement qu'on semblait s'y attendre , un procès - verbal fut
dressé , et d'après l'information qui s'en est suivie , cinq jeunes gens de
Marseille ont été renvoyés devant la police correctionnelle : ce sont MM.
Prat fils, négociant ; Benard fils , fabricant de soudes ; Paillasson fils ,
négociant ; Buret fils , négociant en fers ; et Raynard fils , négociant en
denrées coloniales. Ils ont été cités à l'audience du 26 février , sous la
prévention d'outrages envers M. le marquis de Montgrand, maire, à raison
de ses fonctions, soit par paroles , soit par gestes , et en outre d'avoir re-
tardé , empêché ou interrompu les exercices du culte par des troubles ou
désordres , dans un lieu servant actuellement à ces exercices.

» Le 26 février , dès le matin les issues du palais et la salle des pas
perdus étaient assiégées par une foule immense. L'audience qui , ordinai-
rement , s'ouvre à une heure , ne commença qu'à deux heures et demie , et
et les portes ne furent ouvertes qu'un instant auparavant. Les prévenus
arrivèrent dans leurs voitures et traversèrent avec peine la foule immense
qui couvrait la place et les rues adjacentes. Ils étaient vêtus de noir et en
gants blancs , un grand nombre de leurs amis les accompagnait dans le
même costume.

» La salle d'audience ayant été remplie aussitôt que les portes furent
ouvertes , le tribunal prit place. M. le président annonça l'intention où il

était de maintenir le silence et le respect dû au tribunal , et il ordonna ensuite aux avocats en robe qui garnissaient le parquet de vider l'enceinte exclusivement réservée par lui aux témoins. Un avocat , d'un âge avancé, réclama contre cet ordre , comme contraire aux droits du barreau ; M. le président persista néanmoins. En ce moment M. le procureur du roi ayant élevé la voix pour se plaindre du bruit qui régnait dans l'auditoire , les expressions qu'il employa donnèrent lieu à de bruyans murmures et même à quelques interpellations. Le tumulte continuant, l'audience fut terminée sur le champ par un jugement fondé sur l'article 64 de, la Charte et sur les articles 87 , 88 et 89 du code de procédure civile qui autorise le tribunal à juger à huis-clos. L'affaire a été renvoyée au lendemain 27 février. L'affluence ne fut pas moins considérable ce jour que la veille , et au moment du départ du courrier qui nous transmet ces détails , une foule immense garnissait l'intérieur , les avenues et la place du palais de justice , pour connaître le résultat de ce procès , qui paraît intéresser au plus haut degré les habitans de Marseille. »

(34) N° 69 , 10 mars 1823.

(Premier article inculpé.)

« Les événemens dont nous sommes en ce moment témoins, formeront une grande époque dans les fastes du gouvernement représentatif , et seront sans doute quelque jour, pour les historiens , le sujet des plus graves considérations. Un député expulsé de la chambre pour un discours dont ses accusateurs n'ont pas cité une seule période, une seule phrase , un seul mot; le caractère déployé par ce député ; la garde nationale, frappée , devant les mandataires de la nation, d'un respect dont la majorité elle - même a dû ressentir un juste orgueil ; le départ spontané d'une grande partie de l'opposition ; la morne immobilité de l'autre ; des projets de lois que l'on ne saurait nommer populaires , sur lesquels on ne peut établir de discussion, faute d'opposans, approuvés successivement par quatre ou cinq orateurs qui parlent sans contradiction ; votés enfin dans une chambre composée de 430 membres, par une majorité de 24 et de 16 voix, parmi lesquelles il y a trois voix de députés-ministres , ce qui , en Angleterre , réduirait en effet ces majorités à 21 et à 13 voix; majorités si faibles que, d'après les habitudes parlementaires de ce pays , elles seraient considérées comme des défaites ministérielles : ces faits qui se passent aux yeux de la nation entière , que nous ne faisons qu'exposer , sans vouloir ni les discuter ni en tirer les conséquences, méritent cependant d'être attentivement médités , puisqu'ils composent un état de choses unique dans l'histoire, et et dont les peuples comme les gouvernemens peuvent recueillir des instructions aussi neuves qu'utiles. »

(Deuxième article inculpé.)

« Plusieurs journaux publient aujourd'hui des ordres du jour adressés à diverses légions de la garde nationale. Si ces ordres du jour sont destinés à prouver qu'on envisage les choses à l'état-major-général autrement que dans les compagnies, ils remplissent parfaitement leur but; mais si on s'en est proposé autre chose, on s'est trompé. Ainsi quand on dit aux gardes nationaux que l'obéissance passive est leur premier devoir, on prouve seulement qu'on est étranger à toute idée vraie sur l'origine, l'organisation et la destination de ce corps, et on ne peut raisonnablement espérer de faire admettre à aucun des citoyens à qui on s'adresse, un principe de cette nature. Le *Journal des Débats* qui est l'organe d'une partie du ministère, s'est montré beaucoup mieux instruit sur cette matière, lorsqu'il a dit que le sergent qui commandait une garde d'honneur, n'était pas appelé par le fait à exécuter une arrestation ; mais il paraît que la fraction du ministère qui domine au *Journal des Débats*, n'a pas la même prépondérance à l'état - major - général de la garde nationale. M. le colonel de la 4ᵉ légion, ainsi que celui de la 6ᵉ, parle de l'indignation que leur a causée la conduite du sergent Mercier; s'ils se bornaient à parler pour leur compte, rien de mieux, mais ils expriment ce sentiment comme commun à tous les gardes-nationaux, et il faut convenir que les faits ne viennent nullement à l'appui de leur assertion. Le sergent Mercier depuis la séance du 4, a été comblé des marques d'affection et d'estime des gardes nationaux de toutes les légions. Un nombre considérable d'entre eux veut lui offrir un sabre d'honneur. Sa compagnie n'est plus connue que sous le nom de *Compagnie du Sergent*. Le sergent - major de cette compagnie, en écrivant aujourdh'ui dans un journal, signe *Sergent-major de l'HONORABLE première compagnie*, etc. Il est bien difficile de voir dans ces faits, et dans beaucoup d'autres que nous pourrions citer, des témoignages de douleur et d'indignation. »

(35) Nº 72, *du 13 mars 1823.*

» Six officiers supérieurs de la 5ᵉ légion de la garde nationale de Paris déclarent sans hésiter que *l'obéissance passive est sous l'habit militaire le plus sacré de tous les devoirs*. Ils condamnent d'avance le sergent de la garde nationale qui, d'après l'ordre du commandant en chef, n'est encore que traduit devant un conseil de disciple. Cette conduite est imitée par trois autres chefs de légion, qui, dans cette circonstance, se disent les interprètes des sentiments de tous les gardes nationaux dont il ne sont que les chefs militaires, en vertu du sénatus-consulte du 2 vendémiair an XIV; car ce fut cette autorité dont eux-mêmes récusent la légalité, qui a dépouillé la garde nationale du droit de choisir ses chefs, droit qu'elle a eu de tout temps, même sous l'ancienne monarchie, au moins sous la première, la deuxième et la troisième race jusqu'à la création des armées permanentes en novembre 1439, sous le règne de Charles VII. (Voyez l'ordonnance du roi Jean, 6 mars 1363).

» Quoi qu'il en soit, on peut nier que l'opinion de MM. les chefs des légions soit partagée par les gardes nationaux (*), au moins jusqu'à ce que la question ait été mûrement examinée et clairement résolue.

(*) Voyez plus loin la lettre qui nous est adressée par un garde national du 1er bataillon de la 2e légion.

A M. le Rédacteur du Courrier Français.

Paris, 12 mars.

Monsieur ,

» M. le colonel de la deuxième légion de la garde nationale, de laquelle j'ai l'honneur de faire partie , veint de faire publier dans les journaux un *ordre du jour*, dans lequel il prêche *l'obéissance passive* , lorsqu'on est sous les armes , et blâme la conduite du sergent et des gardes nationaux qui étaient de service à la chambre des députés le 4 de ce mois. Non content de les juger ainsi sans les entendre, quoiqu'ils puissent peut-être aussi bien que M. le colonel connaître les lois , leurs devoirs et leurs droits, il ajoute qu'il croit pouvoir se rendre l'organe de la légion, en désapprouvant en son nom l'insubordination dont ils se sont rendus coupables. Les gardes nationaux n'étant jamais informés que par les journaux des nominations de colonels et d'officiers , des *ordres du jour*, et en un mot de tout ce qui se passe dans leur légion, permettez-moi de me servir de la même voie pour vous faire quelques observations sur *l'ordre du jour* en question , et vous demander quelques renseignemens sur le service que la garde nationale est appelée à faire.

» Les gardes nationaux sous les armes sont certainement sous les ordres de leurs chefs pour le *service auquel ils sont affectés*, mais rentrés chez eux , ils ne leur doivent plus rien. Si vous admettez ce principe qui me paraît incontestable , je demanderai d'abord ce que signifie pour eux un *ordre du jour du colonel*, comment ils doivent en prendre connaissance et quelle déférence ils lui doivent ?

» Si la garde nationale était organisée comme elle devrait l'être, et que les gardes nationaux concourussent à la nomination de leurs chefs, M. le colonel pourrait sans doute, et avec quelque raison, dans certains cas, se rendre l'interprête des sentimens de la légion qu'il commande ; mais d'après l'organisation actuelle, où nous ne connaissons les officiers qu'on nous donne que par les journaux , (car on n'a pas encore fait reconnaître M. Villot) il est au moins bien permis de douter , dans cette circonstance surtout, que ce colonel ait pu se croire l'organe de l'opinion des sous-officiers et soldats de la 2e légion. D'ailleurs lorsque le gouvernement a voulu appeler l'opinion publique à l'appui d'une mesure quelconque, il a indiqué et facilité les moyens de manifester cette opinion. Ainsi dans l'affaire qui nous occupe, s'il tient à connaître l'opinion des gardes nationaux, y aurait-il rien de plus simple que de rassembler chaque légion et de consulter les gardes nationaux par compagnie.

» Les postes que la garde nationale occupe au château des Tuileries et à la chambre des députés sont uniquement des postes d'honneur destinés à environner les premiers corps de l'état de l'éclat qui leur est nécessaire. On croit en apercevoir la preuve au château, où, tous les jours , lorsque la garde royale et les Suisses chargent leurs armes , on ne distribue pas même des cartouches à la garde nationale , ce qui paraît prouver qu'elle n'est appelée en aucun cas à agir d'une manière efficace.

» Je laisse à une plume plus exercée le soin de traiter la question délicate de *l'obéissance passive* que doit à ses chefs un citoyen habillé en garde national , et de nous instruire si, sous ce costume, il ne doit plus agir qu'au gré des impulsions qu'on veut lui donner , faisant abnégation de ses facultés intellec-

» Il serait même dans les convenances, maintenant que M. Mercier est poursuivi, que MM. les chefs de légions et officiers supérieurs qui n'ont point encore publié d'ordre du jour, s'abstinssent de le faire, ne fût-ce que par respect pour le droit sacré de la défense. S'il leur est permis de donner ainsi une opinion anticipée, pourquoi ne consulterait-on pas aussi tout les officiers des compagnies? et alors que devient le principe qu'un corps armé ne doit jamais délibérer.

» Suivant cette doctrine, l'acte des six officiers supérieurs de la 5e légion serait une délibération plus irrégulière que l'acte qu'il a pour objet d'incriminer. Ce n'est pas un ordre du jour; le commandant en chef seul a le droit d'en faire (**).

» Si nous en croyons le *New-Times*, qui heureusement ne connaît pas nos lois et peut-être pas davantage les lois de son pays, le garde national qui a refusé d'obéir ne serait pas passible de simples peines de discipline, il devrait être *fusillé*.

» Hâtons-nous de rassurer M. Mercier; la garde nationale ne peut prononcer que des peines de simple discipline qui, d'après la loi du 14 octobre 1791, ne peuvent pas excéder *huit jours* d'arrêts. Il ne peut être traduit à un conseil de guerre. L'art. 18 de cette loi porte : « Que tout délit » qui mériterait de plus fortes peines rentrera sous la loi générale des » citoyens. »

tuelles. Cette question résolue, nous pourrions savoir si, dans l'éducation politique qu'on veut nous donner, il serait permis à un garde national de juger qu'un réglement quelconque de l'une des deux chambres ne peut jamais annuler l'effet d'une loi qui a été consentie par les trois pouvoirs, et qui est fondée elle-même sur la Charte. »

» J'ai l'honneur de vous saluer avec une parfaite considération,

HENRI ROUX,

Grenadier, 1re compe, 1er bataillon, 2e légion. »

(**) « *Décision royale omise au bulletin des lois, sur les ordres du jour.*

(10 février 1819).

» Il est expressément défendu à tous les gouverneurs et lieutenants-généraux, » commandant les divisions militaires, à tous les lieutenans de roi et commandant » de place de guerre et ville de garnison, et en général à tous les officiers-généraux » et chefs de corps employés à quelque titre que ce puisse être dans l'armée d'or- » donner ni faire aucune publication sous le titre de proclamation, ordre du jour, » ou telle autre forme que soit, autrement que sur des objets de service courant, et » pour l'exécution pure et simple des règlemens ou des ordres régulièrement éma- » nés de leurs supérieurs. S. M. défendant en outre auxdits officiers-généraux et » commandans militaires de rien insérer dans lesdits actes, *qui soit étranger au* » *service proprement dit*, et se réservant de prendre, à l'égard de ceux qui s'é- » carteraient directement ou indirectement de cette injonction, telle mesure que la » gravité du cas pourra exiger. » (Voyez *Recueil des lois et ordonnances*, vol. 1819, page 421).

» Qu'y a-t-il de plus étranger au service proprement dit qu'une délibération de six officiers supérieurs exprimant cette opinion collective sur un fait pour lequel le commandant en chef exerce lui-même des poursuites ? »

» Il ne pourrait donc être puni qu'en vertu d'une disposition spéciale du code pénal ordinaire.

» *Mais il s'agit de savoir si l'ordre est émané d'une autorité légitime et c'est ici que se présente la doctrine de l'obéissance passive, professée dans les derniers ordres du jour qui ont été publiés. Ce principe n'est écrit dans aucune de nos lois. Nous y lisons seulement que nul corps armé ne peut délibérer; mais chaque citoyen, chaque homme est tenu de délibérer intérieurement sur la moralité des actes qu'on lui commande, par cela seul qu'il est homme, parce qu'il est un être moral ayant la notion du juste et de l'injuste, et parce qu'il est du devoir de tout être moral de s'exposer aux peines portées par les lois positives plutôt que de se rendre complice d'un attentat. C'est ainsi que la postérité a élevé au rang des héros ce vicomte d'Orthez qui, ayant reçu des ministres de Charles IX, l'ordre de concourir au massacre de la Saint-Barthélemy, répondit après avoir consulté tous ses soldats, « qu'il avait trouvé des* » hommes prêts à verser leur sang pour leur pays, mais pas un » bourreau. »

» *C'est un acte de stupidité*, a dit Cicéron, *de regarder comme juste tout ce qui est écrit dans les institutions des peuples ou dans les ordres des princes*, et il a appliqué ce principe à la loi par laquelle Sylla avait décrété qu'il pouvait mettre à mort un citoyen romain sans jugement.

» Si donc la doctrine de l'obéissance passive n'est pas vraie en thèse générale, elle ne l'est pas à plus forte raison relativement aux gardes nationaux qui sont plus éclairés que les soldats, qui par conséquent ont plus de lumières pour juger de la légitimité des ordres qui leur sont adressés. Ceux-là ne peuvent pas, comme le soldat, invoquer pour excuse leur ignorance sur l'organisation des pouvoirs, sur les limites assignées à chaque fonction; si donc, on ordonne à un garde national d'exécuter un commandement évidemment contraire à la Charte, il doit désobéir, car le dépôt de cette Charte a été confié par une loi positive, celle du 15 mars 1815, *à sa fidélidé et à son courage.*

» Une loi du 4 juillet 1790, sanctionnée par Louis XVI, impose à tous les gardes nationaux le devoir de rester *à jamais fidèles à la nation, à la loi et au roi.* Ce devoir est la règle de leur conduite. Qu'est-ce que la garde nationale? C'est, dit la loi du 12 décembre 1790, la détermination du mode suivant lequel les citoyens doivent se rassembler, se former et agir, lorsqu'ils seront requis pour un service *légal.*

» La loi constitutionnelle du 17 septembre 1791 porte, titre 4, art. 3. » Que les gardes nationales ne forment, ni un corps militaire, ni une insti- » tution dans l'état. Ce sont les citoyens eux-mêmes appelés au service de la » force publique. »

» L'art. 4 dispose qu'ils ne pourront jamais *agir* comme gardes nationales qu'en vertu d'une réquisition ou autorisation *légale.*

» Ainsi donc, toute question d'obéissance de la part d'un garde national se résout à ces termes : *l'ordre était-il légal ?*

» Le principe général est que l'on doit obéir; l'exception que l'on peut et que l'on doit désobéir à tout ordre illégitime.

» Si nous étions à la place du sergent Mercier, telle serait notre défense. Nous dirions : l'ordre d'expulser M. Manuel m'a paru illégitime, parce qu'il n'est fondé sur aucune loi et qu'il est contraire à la Charte. Si je me suis trompé, je suis prêt à subir les peines portées par les lois de mon pays.

» Qu'on suppose cette question soumise à un jury indépendant, et la solution n'en sera pas douteuse.

Nota. *Le passage imprimé en caractères italiques, depuis ces mots :* « Mais il s'agit » *jusqu'à ceux-ci :* « Mais pas un bourreau », *est le seul inculpé.*

(36) N°s 98 *et* 99, *des 8 et 9 avril* 1822.

» La *Quotidienne* persiste à accuser les Piémontais arrêtés, d'avoir entretenus des intelligences avec des personnes suspectes. Nous persistons à dire que rien n'est plus ignoble et moins généreux que de se faire, sans mission, les dénonciateurs d'hommes qui sont dans les fers : et nous ajouterons que les assertions de la *Quotidienne* ne sont en rien conformes à la vérité. Les Piémontais détenus ont été arrêtés, parce que leurs passeports portaient des noms différens des leurs, circonstance assez naturelle quand il est question de proscrits pour causes politiques, et dont le gouvernement avait connaissance. »

(37) N° 151, *du 31 mai* 1822.

» Trois réfugiés piémontais, distingués par leurs talens et leurs services, MM. Santa-Rosa, Muschetti et Calveti, étaient venus en France réclamer l'hospitalité. Ils y ont été arrêtés, et viennent d'y être mis sous la surveillance de la haute police, dans la ville d'Alençon. »

(38) N° 108, *du 18 avril* 1822.

» Plusieurs citoyens ont été traduits aujourd'hui à la police correctionnelle par suite des arrestations qui ont eu lieu pendant les troubles occasionnés par les missions à Saint-Eustache et aux Petits-Pères. Tous, à l'exception d'un seul qui a été acquitté, ont été condamnés à quelques jours de prison et à une faible amende. La plupart des prévenus étaient à peine âgés de vingt ans. »

(39) N° 115, *du 25 avril* 1822.

—» Marie-Joseph Flaudier, ouvrier, âgé d'une cinquantaine d'années, dont la conduite antérieure était irréprochable, a été, d'après l'exposé de M. l'avocat du roi, condamné à quinze jours d'emprisonnement et aux dépens, pour cris séditieux. Les témoins ont déposé qu'il était alors dans un état complet d'ivresse. »

(40) N° 121, *du 1er mai 1822.*

—« Philippe Husson, prévenu d'avoir chanté dans un lieu public des chansons séditieuses, a été condamné à six jours d'emprisonnement. Pour sa défense, il avait fait valoir que depuis cinquante jours il était en prison. »

(41) N° 138, *du 18 mai 1822.*

—» Le tribunal de police correctionnelle (6e chambre) a condamné à quinze jours d'emprisonnement le nommé Jean Butor, accusé d'avoir proféré des cris séditieux ; il a été établi qu'il était traduit pour récidive. Son défenseur, nommé d'office, a fait observer que cet homme, manouvrier de son état et père de trois enfans, n'a d'autre ressource que son travail pour pourvoir à la subsistance de sa famille, et que le condamner c'est frapper tous les siens à la fois.

—» Le nommé Auraux a été traduit au même tribunal comme prévenu de propos séditieux. Etant ivre, il avait été renversé par un cabriolet ; un de ses amis lui racontant qu'il s'était empressé de courir après ce cabriolet, Auraux lui répondit : « Tu es comme les soldats de Louis XVIII, tu te présentes à l'assaut lorsque l'affaire est finie. » La Chambre du conseil avait trouvé dans ce propos une offense envers la personne du roi. D'aprés les débats, le chef de prévention a été abandonné, mais Auraux a été condamné en vertu de l'art. 8 de la loi du 24 mars, à huit jours d'emprisonnement pour propos injurieux envers une classe de citoyens. Le propos avait été tenu dans un cabaret des environs de l'école militaire, en présence de plusieurs soldats. Auraux est un charpentier sur la conduite duquel ses maîtres et plusieurs voisins ont rendu les meilleurs témoignages. »

(42) N° 239, *du 19 Mai 1822.*

« On mande de Toulouse, 11 de ce mois.

» Le tribunal de police correctionnelle de Muret a prononcé sur le renvoi fait par la cour royale de Toulouse, de la cause des deux étudians qui étaient accusés de rébellion envers la police et la force armée, agissant pour l'exécution des lois. Le sieur Mène était prévenu d'avoir porté un coup de canne au commissaire de police, au moment où le sieur Fauron, autre étudiant, était arrêté. On imputait au sieur Melon, d'avoir donné une forte poussée à un inspecteur de police, dans l'intention de faire évader son ami. Ces deux prévenus ont excité le plus vif intérêt par la manière dont ils ont répondu aux interpallations qui leur ont été adressées.

» Le tribunal, après avoir entendu les plaidoieries, a condamné les prévenus à deux mois d'emprisonnement, à 50 fr. d'amende et aux dépens. Ceux-ci ont sur-le-champ déclaré leur appel devant la cour. »

(43) Nᵒ 157 , *du 6 Juin* 1822.

« On nous écrit de Dijon, que M. Lafontaine, depuis son incarcération,
ne peut suffire aux visites que ses concitoyens viennent lui faire dans sa
prison. L'ordre a été donné au concierge de ne laisser entrer que deux personnes à la fois. Le commandant de la place avait déjà, le 31 mai, délivré
250 permissions aux habitans de Dijon et des environs, qui montrent un
égal empressement à témoigner à M. Lafontaine l'intérêt qu'ils prennent à
sa position. Les électeurs de Sémur et de Châtillon doivent lui envoyer
une députation. »

(44) Nᵒ 187 , *du 6 Juillet* 1822.

« Les militaires prévenus de conspiration, et acquittés par le jury à la
dernière session de la cour d'assises de Nantes, viennent de recevoir leurs
congés. Sur chacun est écrite l'apostille suivante : « Le présent congé déli-
» vré en vertu de la décision de son excellence le ministre de la guerre,
» du 22 juin 1822. Conformément à ladite décision, le sieur......, pour
» avoir été impliqué dans un complot contre la sûreté de l'état, cesse
» d'être admissible dans aucun des corps de l'armée, soit à titre d'enrôlé
» volontaire, soit en qualité de remplaçant. » Aussitôt la délivrance de
leurs congés, ils ont reçu l'ordre de quitter Nantes dans les 24 heures. On
leur a à cet effet délivré leurs feuilles de route; et, dans le dessein sans
doute de les faire surveiller par les autorités des lieux qu'ils doivent parcourir, on a eu soin d'y copier textuellement la note ministérielle mise sur
leurs congés. — Est-ce ainsi que l'autorité donne aux citoyens l'exemple
du respect qu'on doit à la chose jugée? »

(45) Nᵒ 196 , *du 15 juillet* 1822.

« Nous avons annoncé, il y a quelques mois, l'arrestation de M. Lecomte, avoué à Joigny, comme soupçonné d'avoir pris part à une conspiration. Une instruction judiciaire eut lieu, il en résulta que les faits im-
putés à M. Lecomte étaient faux, que les soupçons qui s'étaient élevés
contre lui n'étaient pas fondés; en conséquence, le 30 juin dernier les portes
de sa prison s'ouvrirent, et il fut rendu à sa famille et à ses concitoyens,
dont il est aimé et estimé. M. Lecomte se croyait à l'abri de toute inquiétude;
il pensait même que l'autorité ne devait plus éprouver à son égard d'autre
sentiment que le regret de lui avoir fait subir une captivité non méritée.
Cependant le 3 de ce mois, c'est-à-dire trois jours après sa mise en liberté,
il reçut l'avis qu'il était destitué de son emploi d'avoué, et il apprit que
déjà on avait pourvu à son remplacement. M. Lecomte va publier un mémoire sur cette mesure dont il n'y avait pas encore eu d'exemple, et qui
intéresse tant de monde. La loi qui a voulu que le consentement du gouvernement fut nécessaire à ceux qui voulaient exercer l'état d'avoué, n'a

point dit que ce consentement, une fois donné, pût être retiré. Elle n'a point assimilé l'état d'avoué à une fonction salariée et révocable à volonté. L'extension que, dans cette circonstance, on prétend donner à la loi, est arbitraire et inconstitutionnelle; car elle rétablit la confiscation que la Charte a abolie. Il ne suffit point, pour être avoué, d'obtenir le consentement de gouvernement, il faut encore acheter une étude; et lorsqu'un ministre croit pouvoir destituer un avoué, non seulement il le prive d'une profession qui, comme toutes les autres, doit être hors des atteintes du pouvoir mais encore il le dépouille d'une propriété légalement acquise.

» On peut voir à cette occasion combien le pouvoir, une fois entrée dans la route de l'arbitraire, se trouve promptement entraîné au-delà des limites qu'il semblait s'être marquées lui-même en y entrant. L'année dernière, lorsque M. Poubelle demanda l'autorisation du gouvernement pour exercer l'état de notaire, il essuya un refus fondé sur ses opinions politiques. Le ministère prétendit que la loi, en rendant cette autorisation nécessaire, laissait à l'autorité le droit de l'accorder ou de la refuser. Là se bornaient alors ses prétentions, et parmi les orateurs qui combattirent à la Chambre la pétition de M. Poubelle, il ne s'en trouva pas un seul qui, tout en soutenant que l'autorisation pouvait être refusée, osât même laisser entendre qu'elle pût être révoquée, après avoir été accordée. Le ministère a franchi cette barrière, et du droit de refus reconnu par la chambre, il a fait découler bien vite le droit de révocation, dont il exerce aujourd'hui le premier acte. Ainsi, les avoués, les notaires, et tous ceux qui exercent un état soumis au consentement préalable du gouvernement, sont maintenant déclarés révocables pour leurs opinions, pour un vote électoral, etc. Ils sont assimilés à ces fonctionnaires à qui M. Ternaux disait hier : « Vous » n'aurez pas de conscience, ou vos enfans n'auront pas de pain. » Et c'est à eux surtout que ces paroles pourront s'adresser, car les fonctionnaires, en perdant leur emploi, ne perdent que des émolumens; les notaires et les avoués perdront en outre les sommes considérables qu'ils ont déboursées.

» Il ne faut pas s'étonner, au reste, de la dépendance où l'on veut placer ces professions, lorsque l'on voit que le commerce lui-même n'est pas à l'abri des empiétemens de cette nature. Une formalité de police assujétit les libraires à aller prendre à la direction de la librairie une espèce de brevet qui leur est délivré sur un certificat de capacité. Cette formalité ne paraissait être, jusqu'à présent, qu'un moyen de faire payer à ceux qui veulent être libraires une bienvenue de 5o francs. Mais elle a changé de nature, depuis qu'une ordonnance, en privant le sieur Terry de son brevet, a déclaré que le commerce de la librairie n'était pas libre, et que ceux qui l'exercent pouvaient être, par une mesure ministérielle, privés de leur état, de leur industrie, de leur fortune. Il n'y a pas de raison pour que ce système ne s'étende pas à toutes les professions, pour qu'on ne retire pas aux médecins leur diplôme, et aux épiciers leur patente, car nul ne peut être marchand sans prendre une patente. Cette patente, comme le brevet de libraire, n'est qu'un impôt perçu au profit du fisc. Mais on pourra,

comme on l'a fait pour les libraires, assimiler cette charge imposée aux
marchands à un bénéfice concédé par l'autorité ; on pourra dire que puisque c'est l'autorité qui délivre les patentes, elle a le droit de les retirer quand
bon lui semble. Le commerce et l'industrie, qui se croient indépendans,
se verraient alors réduits à un état qui plairait beaucoup à certains hommes
qu'offusque leur prospérité. Qu'on ne dise pas que cette supposition est
trop absurde pour être admissible. C'est le propre de l'arbitraire de conduire à l'absurde, mais il a déjà prouvé qu'il ne reculait pas devant cette
barrière. »

*Nota. Cet article est encore inculpé tout entier à la quatrième partie
du réquisitoire. Voyez le réquisitoire, page 23, et plus bas le renvoi (64),
page 107.*

(46) N° 247, *du 4 Septembre 1822.*

— « M. Richard, avocat, rend compte, dans l'*Ami de la charte*, d'un
procès qui vient d'être jugé par le tribunal correctionnel de Nantes, et où
se trouvent exposés les faits suivans :

» Le 12 de ce mois, M. Gondouin, propriétaire, se trouvait à son balcon donnant sur la place Royale. Il aperçoit quatre Suisses qui traînaient
un habitant ; l'un lui donnait un coup de poing sur la figure, un autre lui
assénait des coups sur la tête, un troisième se servait de ses pieds ; tous
s'acharnaient à l'envi sur ce malheureux Nantais. De toutes parts on n'en-
tendait qu'un cri : *Ils vont le tuer.*

» A ce spectacle d'une lutte de quatre individus contre un seul, le cœur
bon et généreux de M. Gondouin ne peut se contenir, tout lui dit qu'il doit
porter secours à la faiblesse ; il descend précipitamment, et se dirige sur
le lieu de cette déplorable scène. Mais au moment d'intervenir par la douceur entre les quatre Suisses, et l'habitant qu'ils ne cessaient de frapper ;
il se voit entouré par des groupes nombreux. Bientôt il se sent atteint d'un
rude coup dans les reins ; pour ne pas devenir à son tour victime de sa générosité, M. Gondouin perce la foule non sans de grandes difficultés (les
Suisses armés accourant de tous côtés.), et il rentre dans sa maison.

» Tels sont les faits dans toute leur exactitude : l'interrogatoire de M.
Gondouin devant le juge d'instruction et le tribunal de police correctionnelle les a complétement confirmés.

» Après la discussion de la cause et l'audition des témoins, M. Gondouin a été condamné à vingt jours d'emprisonnement et à 100 fr. d'a-
mende. Le tribunal qui a rendu ce jugement était composé de MM. Baron,
président ; Gédouin, d'Haveloosse et Bruneau, juges ; M. Lefeuvre soute-
nait l'accusation. »

(47) N° 284, *du 11 Octobre 1822.*

— « Le journal d'Indre et Loire du 3 octobre, contient l'article suivant :

« *Chinon*, 30 *septembre*, Un malheureux événement vient d'arriver en
» cette ville. Le jeune Porteseille, soutient d'une mère âgée et malade, fut
» précipité de dessus son cheval dans un des endroits les plus profonds
» de la Vienne. M. Drouin Desvarannes, entendant pousser de grands
» cris et en apprenant le sujet, accourt près du gouffre qui vient d'englou-
» tir le malheureux jeune homme. Il s'élance, et après avoir plongé plu-
» sieurs fois, il parvient à le faire placer dans un bateau. Porteseille est
» transporté de suite dans l'appartement de M. Drouin, qui lui prodigue
» tous les soins qu'exige sa situation; mais ils sont infructueux, cet in-
» fortuné n'existait plus. »

» Le journal de la préfecture d'Indre et Loire, en rapportant ce trait
d'humanité, a omis de faire connaître à ses lecteurs quel était l'*appartement* de M. Drouin. Cet appartement n'est autre que la prison de Chinon
dans laquelle cet honorable citoyen se trouve détenu en ce moment, par
suite d'un jugement de la cour royale d'Orléans. M. Drouin ayant publié,
lors des dernières élections, une brochure intitulée : *Conseils aux électeurs de l'arrondissement de Chinon*, fut poursuivi pour ce fait, acquitté
par le tribunal de Chinon, et, sur l'appel du ministère public, condamné
par le tribunal d'Orléans, comme ayant commis, dans sa brochure, le
délit d'attaque contre la classe des nobles. M. Drouin est entré dans la prison de Chinon, le 17 septembre dernier. Lorsque le jeune Porteseille tom-
ba dans la Vienne, les cris des témoins de ce triste événement parvinrent
jusqu'à lui. Le geolier courut vers le lieu de la scène, et dans ce désordre,
M. Drouin, oubliant qu'il était prisonnier, et n'écoutant que son humanité,
sort de la prison, court au bord de la rivière, et s'y précipite pour sauver
le malheureux Porteseille. C'est dans sa prison, désignée sous le nom d'*appartement* par le journal d'Indre et Loire, que M. Drouin prodigua ensuite
d'inutiles secours au jeune infortuné, dont son honorable dévouement n'a
pu sauver la vie. M. Drouin, que son patriotisme rendait déjà cher à ses
concitoyens, reçoit d'eux, depuis qu'il est entré en prison, des témoignages d'estime et d'attachement, dont aucun obstacle n'a pu arrêter l'expression, et qui le dédommagent amplement des petits désagremens de sa
captivité. »

(48) N° 294, *du* 21 *octobre* 1822.

« M. Legracieux, éditeur responsable du *Courrier Français*, s'est
constitué de son plein gré prisonnier, dès mercredi, en attendant qu'il
plaise à la cour de cassation de prononcer sur le pourvoi formé par les
quatre journaux de l'opposition contre l'arrêt qui leur interdit de rapporter les débats judiciaires. Il paraît qu'on lui tient peu de compte de sa soumission volontaire aux décisions de la justice, et qu'il est traité avec
beaucoup plus de rigueur que dans ses détentions précédentes à la même
maison de Sainte-Pélagie. Jusqu'ici, les détenus pour délits politiques ou
pour délits de la presse, avaient été réunis dans un corridor à part, et sans
communications avec les prisonniers enfermés pour des crimes ou des

délits qui n'ont rien de commun avec l'opinion. La morale n'applaudissait pas moins que l'humanité à cet arrangement, dont on était redevable au zèle de la commission chargée de l'amélioration du régime intérieur des prisons. Mais depuis quelque temps, toutes ces dispositions philantropiques ont été changées, et l'on semble mettre de l'affectation à réunir aujourd'hui à Sainte-Pélagie des hommes qui n'étaient pas faits pour vivre ensemble. C'est ainsi que M. Legracieux se trouve placé dans une chambre sale, noire et humide, où il lui est défendu d'allumer du feu, et qu'il est obligé de partager avec un homme détenu pour s'être servi d'un faux nom afin de commettre un vol considérable de diamans. C'est ainsi que le corridor où il se trouve relégué est peuplé de trente - six personnes, dont plusieurs sont condamnées pour vol ou pour escroquerie. Ce n'est pas tout : ses journaux sont retenus au greffe, et ses lettres ne lui parviennent que décachetées. Enfin, sa femme et son fils n'ont pu obtenir la permission de le voir, depuis cinq jours qu'il est en prison. Nous ne pensons pas que l'autorité commande à ses agens subalternes de faire subir aux détenus pour cause politique de pareilles humiliations et des privations si pénibles ; mais nous aurions droit de nous étonner si, en ayant connaissance, elle tolérait qu'on les leur fît éprouver plus long-temps. »

(49) N° 119, *du 29 Avril* 1822.

Au Rédacteur du Courrier français.

Sainte-Pélagie, 28 avril.

Monsieur,

« Une nouvelle tentative d'évasion a eu lieu hier entre 10 et 11 heures du soir : MM. Gaillard, Robert et Loritz, condamnés par la chambre des pairs, ont voulu suivre l'exemple de MM. Lamothe, Laverderie et Duvergier ; mais le succès n'a pas couronné leur entreprise. L'un d'eux avait pratiqué au plafond de sa chambre une ouverture qui conduisait au toit. S'il n'eût songé qu'à lui seul, il est à présumer qu'il n'eût point été surpris. Mais il paraît qu'il n'a pas voulu se séparer de ses camarades, et que cet acte de générosité ne lui a pas permis de choisir une heure favorable. Les trois fugitifs avaient déjà franchi deux toits dans leur longueur ; et parvenus à l'angle le plus voisin de la rue, ils avaient déjà jeté une corde à nœuds par-dessus le chemin de ronde, lorsqu'une patrouille est venue à passer, et a jeté le cri d'alarme. On a mis ces jeunes militaires, non pas au secret seulement, mais au cachot, où il est interdit à leurs compagnons de captivité de leur procurer même des alimens.

» On prétend qu'au bagne, lorsqu'un forçat est l'objet de la sévérité des gardiens, toute la ligne des rameurs est atteinte du même coup de fouet ; les prisonniers politiques viennent de subir à-peu-près le même traitement. Les trois officiers arrêtés dans leur fuite étaient depuis long-temps en lieu de sûreté, toutes les portes étaient fermées aux verroux et à clef, lorsqu'à une heure du matin une escouade de guichetiers a fait irruption dans le *petit corridor rouge*, s'est saisie de chacun de ceux qui l'occupaient, les a violemment arrachés de leur lit, et les a transportés dans des chambres malpropres et malsaines, où ils ont passé le reste de la nuit. Les mesures du concierge ont été prises de manière à ce que sa petite armée n'eût jamais affaire qu'à un homme à-la-fois. Les choses sont toujours dans le même état, et les prisonniers qui n'ont jamais songé à s'évader, qui n'y ont pas même intérêt, soit à cause du peu de temps qui leur reste à faire, soit pour tout autre motif, sont menacés de nouveaux actes de rigueur. A portée d'être bien informé, je vous tiendrai au courant. »

Agréez, etc.   ***

(50) N° 122, *du 2 Mai* 1822.

Au Rédacteur du Courrier Français.

Sainte-Pélagie, 1er mai.

« Les trois prisonniers politiques surpris au moment où ils s'évadaient, et jetés dans un cachot, viennent d'être transférés au secret, où l'on espère qu'il sera permis de leur procurer d'autres alimens que du pain noir et de l'eau. Il paraît que ce n'est pas seulement le desir bien naturel de recouvrer leur liberté, qui a déterminé MM. Gaillard, Robert et Loritz à faire la tentative où ils ont échoué : les rigueurs dont ils étaient spécialement l'objet, la privation de toute communication libre et intime avec leurs amis, un état voisin de l'indigence, le refus de toute espèce de secours de la part de l'autorité compétente à laquelle ils s'étaient adressés, l'impossibilité d'exercer une industrie quelconque, tant de peines ajoutées à celle de la captivité, les ont poussés, dit-on, au parti hasardeux qui n'a fait qu'aggraver leur sort.

« Leurs compagnons d'infortune ne pourront point retourner dans les chambres où ils avaient fait des dépenses, et dont on les a expulsés pendant la nuit. Cependant l'interdiction de toute relation avec les personnes de l'extérieur, est levée. On se borne à raffermir les barreaux, à multiplier les serrures et à restaurer les murailles. Sainte-Pélagie ressemble en ce moment à un atelier de maçons et de forgerons.

« Il y a quelques variantes sur la manière dont les fugitifs ont été découverts. Ils auraient, d'après la version la plus accréditée, épié le moment où la patrouille terminait sa ronde et où la sentinelle tournait le dos, pour disposer la corde à nœuds, qui déjà était fixée et tendue en dehors, lorsqu'un habitant du quartier vint à passer par hasard dans cette rue déserte, aperçut ces préparatifs d'évasion, et croyant qu'ils devaient servir à des voleurs, alla officieusement donner l'alerte au guichet de la prison. Encore cinq minutes, et il n'était plus temps. »   ***

(51) N° 265, *du 22 septembre* 1822.

» On a affiché ce matin l'extrait des minutes du greffe de la cour royale de Paris, qui condamne à mort Jean-François Bories, âgé de 27 ans; Jean-Joseph Pommier, âgé de 26 ans; Charles-Jean Goubin, âgé de 25 ans, et Marie-Charles-Bonaventure Raoulx, âgé de 26 ans. Des crieurs publics annonçaient que cet arrêt devait recevoir son exécution dans la journée. Ces quatre sous-officiers avaient été tranférés, à six heures du matin, de Bicêtre à la conciergerie, sous l'escorte de 50 gendarmes. Dans la matinée, ils ont été visités par M. de Montmerqué, président de la cour d'assises, qui s'est entretenu quelque temps avec eux. A deux heures, ce même magistrat a levé l'audience qu'il présidait, et s'est rendu de nouveau auprès d'eux.

» Des corps de troupes nombreux étaient stationnés sur les pontset sur les quais , depuis le palais de justice jusqu'à la place de Grêve. A cinq heures et quelques minutes les quatre condamnés sont sortis de la conciérgerie. Ils étaient placés sur deux voitures. Chacun d'eux avait anprès de lui un ministre de la religion. Le courage et la fermeté qu'ils avaient montrés dans le cours des débats de leur procès , ne les ont pas abandonnés un instant. Ils ont traversé avec un visage calme et résigné la foule silencieuse rangee sur leur passage. Ils ont salué les personnesqu'ils ont reconnues et qui leur adressaient des signes d'adieu. Arrivés sur le lieu de l'exécution , ils ont montré le même sang-froid ; et l'on a pu appliquer à chacun d'eux cette expression de M. de Châteaubriand. « Il est mort avec la fermeté d'un soldat et la » facilité d'un jeune homme. »

» A cinq heures et demie ils avaient cessé de vivre. »

(52) N° 271 , *du 28 septembre* 1822.

» On écrit de Strasbourg, 24 septembre : « Lorsqu'on fit au colonel Caron lecture de l'arrêt de mort prononcé contre lui, il était à table; il continua son dîner et montra la plus grande fermeté. Ce caractère ne s'est pas démenti un seul instant. Les mesures de sûreté ont été quadruplées dans sa prison ; on y a placé des gardes en grand nombre et à toutes les issues. Il communique avec son défenseur , mais sur le permis du capitaine rapporteur, et en présence de l'officier de garde et du concierge ; le colonel Caron ne peut communiquer avec aucune autre personne. Deux permissions seulement ont été données , pour un très-court moment , l'une à un ami chargé de l'entretenir d'intérêts de famille , et l'autre au défenseur du sieur Roger ; encore celui-ci a-t-il éprouvé quelques difficultés. On présume que le conseil de révision ne s'assemblera pas avant la semaine prochaine. »

(53) N° 283 , *du 10 octobre* 1822.

» Une lettre de Poitiers, en date du 6 octobre contient lesdétails suivans:

» L'estafette qui apportait la nouvelle du rejet du pourvoi formé par les condamnés , est arrivé ici dans la nuit du 4 au 5. A huit heures du matin, on a commencé les apprêts de l'exécution. Le greffier s'étant présenté à la prison pour donner lecture aux condamnés Berton et Caffé, de l'arrêt de la cour de cassation qui rejette leur pouvoi , Berton , après avoir entendu les premières phrases , interrompit le greffier en lui disant : *C'est bon, c'est bon , en voilà bien assez.* Il se plaignit au geolier de ce qu'on n'avait pas fait venir un barbier qu'il avait demandé pour se faire raser. L'exécuteur arriva ensuite pour arranger les vêtemens et la chevelure du général , de manière à faciliter l'exécution : il coupa tout le collet de l'habit , et rasa les cheveux du col : « Ne pouviez-vous pas, lui dit le général , vous conten- » ter de rabattre le collet de mon habit , sans le couper ainsi ? » On le fit passer dans la cuisine de la prison, où l'attendaient deux missionnaires ; le général leur dit dès qu'il les aperçut : « Messieurs, dispensez-vous de

» m'accompagner. Je sais aussi bien que vous tout ce que vous pourrez me
» dire , je n'ai pas besoin de votre ministère. » Une petite charrette découverte l'attendait dans la cour de la prison , Berton y fut placé , les mains
liées derrière le dos, un missionnaire était à sa droite et un autre à sa
gauche ; l'exécuteur était derrière lui pour le soutenir. Berton l'avait chargé de ce soin , attendu , lui dit-il , que n'ayant pas les bras libres , le mouvement de la charrette aurait pu le renverser. Les ecclésiastiques placés à
ses côtés lui adressèrent quelques paroles ; mais, d'après son refus obstiné
de les écouter , ils cessèrent de lui parler et se tinrent jusqu'au lieu de l'exécution la tête appuyée dans les deux mains. Berton , qui par sa taille élevée , dominait les deux missionnaires , promenait, tantôt à droite , tantôt
à gauche, des regards calmes et assurés. Arrivé au lieu du supplice , il
monta avec fermeté les marches de l'échafaud. Quelques personnes prétendent qu'il voulut parler et qu'on ne lui en laissa pas la faculté ; mais ce
fait n'est point certain. Ce qu'il y a de certain , c'est que Berton, du haut de
l'échafaud , cria d'une voix forte et assurée : *Vive la liberté ! Vive la
France!* et jusqu'au dernier moment il fixa des regards sereins sur l'instrument de son supplice et sur les soldats qui entouraient l'échafaud.

» Les deux fils du général Berton étaient partis de Paris ausssitôt après
le rejet du pourvoi, espérant pouvoir encore embrasser leur père. Mais
lorsqu'ils sont arrivés à Poitiers , le général Berton avait cessé de vivre.

» Le docteur Caffé s'est donné la mort quelques instans avant l'exécution. Il avait trouvé moyen de cacher dans ses vêtemens un scalpel avec lequel il s'est coupé l'artère crural. Il avait un prêtre à ses côtés , au moment où il s'est senti défaillir ; il lui a dit : *Adieu , je me meurs.* Le prêtre crut d'abord que ce n'était qu'un évanouissement, mais il s'apperçut
bientôt que la couverture dans laquelle Caffé était enveloppé était inondée
de sang , et il appela du secours. Caffé expira quelques instans après. Des
gendarmes ont gardé son corps jusqu'au soir. Ce matin , il a été envoyé
à la supérieure de l'hospice.

» Saugé et Jaglin sont partis aujourd'hui à 9 heures du matin dans une
charrette, escortée par environ cent hommes d'infanterie et cent hommes
de cavalerie. On les conduit à Thouars , où ils doivent subir leur jugement. »

(54) N° 48, *du 17 février* 1823.

A M. le Rédacteur du Courrier Français.

Monsieur ,

» Nous avons constamment réclamé le triste droit de marquer par une pierre
la tombe du général Berton.

» A Poitiers, on a éludé notre demande sous le prétexte le plus frivole :
« La ville, a-t-on répondu , était en discussion avec l'administration de l'hos-
» pice sur un droit *anciennement* affecté aux sépultures. » A Paris , nos lettres
sont restées sans réponse.

» Les mêmes défiances qui nous arrachaient aux derniers embrassemens de notre infortuné père nous arrêtent encore lorsque nous voulons élever à sa mémoire un modeste monument.

» Nous avons l'honneur, etc.

A. BERTON. CH. BERTON. »

(55) N° 168, *du 17 Juin 1822.*

— » Une lettre de Toulon, en date du 10 juin, contient les détails suivans :

« Aujourd'hui à midi et demi, le capitaine Vallé est mort sur l'écha-
»faud. À minuit, un bataillon fort de 600 hommes est allé le chercher au
» fort La Malgue pour le conduire au Palais de Justice. La place Saint-Pierre,
» qui est devant le palais, était couverte de troupes; toutes les rues adjacentes
» étaient également occupées par des détachemens de la garnison. Dans les
» rues que Vallé a traversées pour aller au supplice, les boutiques et les
»contrevents des fenêtres étaient fermés. Un grand nombre d'habitans étaient
» partis pour la campagne. Vallé est mort en homme de courage. »

» Nous avons fait connaître l'arrêt de la cour d'assises de Toulon, qui condamnait à mort le capitaine Vallé, comme coupable d'avoir été l'un des principaux agens d'un complot dirigé contre le gouvernement. Le capitaine Vallé s'étant pourvu en cassation, les pièces relatives à son pourvoi arrivèrent à Paris le 27 mai; et le 30, la cour de cassation confirma l'arrêt de la cour d'assises de Toulon. M° Odillon-Barrot fit valoir comme principaux moyens de cassation, qu'un étranger n'ayant point acquis la qualité et les droits de citoyen français, avait fait partie du jury, et que Vallé n'avait été déclaré ni auteur ni complice, mais seulemeut l'un des principaux agens d'un complot, qualification vague, sortant de la précision de la loi, tellement que le ministère public a vu dans l'agent un *complice* et la cour un *co-auteur* du complot. (Voyez le plaidoyer de M° Odillon-Barrot, dans le *Courrier* du 31 mai.) »

(56) N°⁵ 98 *et* 99, *des 8 et 9 Avril* 1822.

« Depuis hier, dit l'*Echo de l'Ouest*, du 3 avril, des fouilles ont été faites chez plusieurs citoyens recommandables de Rennes. Un de nos concitoyens, M. Férail, charron, a été arrêté, emprisonné, par suite d'un mandat d'amener, décerné contre lui par le juge d'instruction près le tribunal de Saumur; mandat auquel il s'est décidé à obéir, quoiqu'il eût pu être admis à jouir du bénéfice de l'art. 100 du Code d'instruction criminelle. On l'arrête, autant qu'il peut le supposer, sous le prétexte qu'il a traversé cette ville à l'époque de la tentative faite par le général Berton, et parce qu'on l'a vu plusieurs fois entrer chez le sieur Caffé, médecin de cette ville, chez lequel il se rendait pour faire panser un panaris dont il porte encore les marques à l'index de la main droite. Hors d'état d'être conduit de brigade en brigade, soit à pied, soit à cheval, le sieur Férail a obtenu d'être conduit daus une voiture, escorté de deux gendarmes, à ses frais, et son départ doit s'opérer après demain.

« Un mandat d'amener a été décerné contre M. Chappey, négociant, qui a réussi à s'y soustraire. Un entrepreneur de travaux a été conduit à la préfecture, et interrogé pendant plusieurs heures. Sa maison, fossés de la Visitation, a été fouillée. Parmi les effets peu importans saisis chez lui, était le recueil des chansons de Béranger. Dans le même temps, M. Bodin, notre concitoyen, dont nous avons annoncé l'arrestation, est détenu à Quimper, et on néglige de le traduire devant les tribunaux de Rennes, où siègent ses juges naturels. Son arrestation s'est faite, dit-on, administrativement, et la loi suspensive de la liberté individuelle a, depuis long-temps, cessé d'avoir son effet. »

(57) N° 110, du 20 avril 1822.

A Monsieur le Rédacteur du Courrier Français.

Angers, le 16 avril 1822.

Monsieur,

« Je viens d'acquérir une célébrité que je ne cherchais pas, et dont je me fusse bien volontiers dispensé; et comme mon histoire, qui a retenti dans tous les journaux, a été singulièrement tronquée, je dois, pour ma justification, rétablir les faits dans toute leur pureté, en usant de la même publicité que celle avec laquelle on n'a pas craint de m'accuser.

« Commis-voyageur de la maison Thierry Myeg, fabricant de toiles peintes à Mulhouse, je voyageais dans le département de la Sarthe pour les intérêts de mes commettans; j'étais, comme on le pense bien, muni d'un grand nombre de lettres de recommandation, et surtout d'un passeport. Arrivé à Bouloir, chef-lieu de canton, arrondissement de Saint-Calais, je crus devoir y coucher pour laisser reposer mon cheval; j'étais à dîner, lorsque je vis entrer les gendarmes, auxquels je présentai de suite mon passeport; peu d'instans après arriva M. le maire de la commune (M. Tripier), auquel je représentai de même mon passeport; il l'examina très-attentivement, ainsi que tous mes papiers; il me déclara enfin que, fussé-je le général Berton, il m'arrêtait au nom du Roi. J'eus beau réclamer, faire sentir combien, par cette mesure arbitraire, il exposait les intérêts de ma maison de commerce : tout fut inutile; je fus abandonné à la garde de deux gendarmes qu'il me fallut encore payer pour rester dans ma chambre, ne voulant pas aller coucher en prison. Je fus bientôt interrogé par le juge-de-paix et conduit à Saint-Calais devant M. le procureur du Roi. Je ne devais pas échapper, j'avais un officier de gendarmerie dans mon cabriolet, et des gendarmes qui nous escortaient. Arrivé devant ce magistrat, il me fit conduire sur la place publique de la ville, au milieu d'une foule de curieux, et fit examiner tous mes effets, et principalement mes échantillons, prit des extraits de ma correspondance; et après tant d'humiliations, et surtout tant d'arbitraire, finit par où on aurait dû commencer, en ordonnant ma mise en liberté. J'en profitai pour me rendre près du préfet du Mans, qui reçut ma plainte et me promit justice, en me priant de ne point donner d'éclat à cette affaire. Je le lui promis, et j'aurais tenu ma parole sans ce qui vient de se passer à la chambre des députés. M. Benjamin Constant, comme député du département de la Sarthe, a cru devoir dénoncer ces faits à la tribune. Monseigneur le garde-des-sceaux en

lui répondant, a assuré que, si j'avais été arrêté, c'est que j'avais été prévenu d'un délit.

« Je devais donc pour mon honneur, comme pour celui de la maison respectable que je représente, répondre à une aussi étrange accusation, car
mon silence eût été pris pour un aveu. Je n'étais ni accusé ni prévenu, puisque les faits que je viens de rapporter sont tous exacts, et j'attends de la justice de monseigneur le garde-des-sceaux, qu'il voudra bien reconnaître cette
vérité ; déclarant en même temps que j'ai suivi et suis exactement les conseils
indirects qu'il a bien voulu me donner, puisque ma plainte sera incessamment
portée devant le procureur-général de la cour royale d'Angers, contre les
deux fonctionnaires publics qui, par une détention aussi arbitraire, ont
étrangement compromis leur responsabilité personnelle.

« Je vous prie donc, Monsieur, de vouloir insérer cette lettre dans le plus
prochain numéro de votre journal, et de me croire avec l'assurance de la
plus parfaite reconnaissance,

Simon aîné, voyageur de la maison Thierry-Myeg. »

(58) N° 119, *du 29 avril* 1822.

» L'*Ami de la Charte* de Nantes rapporte qu'un sergent, dont la figure
cicatrisée et les moustaches grisonnantes annoncent un soldat de la vieille
armée, causait dans l'escalier de la prison du Bouffai, avec ses frères d'armes
qui y sont détenus. Dans le même moment montait M. le procureur du
roi, qui, voyant cette conversation établie, et la regardant comme une
infraction à la consigne, s'empressa d'en faire l'observation. Le sergent,
à qui ce Magistrat était probablement inconnu, continua néanmoins de
parler à ses camarades. Aussitôt M. le procureur du roi appela deux gendarmes qui se trouvaient auprès de la salle d'audience, et leur donna l'ordre de s'emparer du sergent, et de le conduire au corps de-garde. On ignore
quelles ont été les suites de son arrestation ; mais on pense, que cette circonstance n'a pas peu contribué à faire placer à la croisée de la prison une
planche transversale qui ne permet plus aux détenus de voir dans l'escalier
du Bouffai. On fera donc bien, ajoute l'*Ami de la Charte*, de ne leur
adresser désormais aucun bonjour, un signe mal interprété pouvant leur
devenir alors funeste, car une nouvelle planche viendrait peut-être leur
ôter la vue de la place, des quais et des campagnes qui bordent la Loire,
et les priver par là de la seule récréation qu'ils possèdent. »

(59) N° 121, *du* 1er *mai* 1822.

» Une dame de Nantes, âgée d'environ 22 ans, avait été voir son enfant, qui est en nourrice à quelques lieues de Nantes, près de Sautron, sur
sur la route de Vannes. Elles s'en revenait le lundi, 15 de ce mois, à pied
et accompagnée d'une petite fille de 7 ou 8 ans ; il était 7 ou 8 heures du
soir lorsqu'elle allait rentrer en ville, quand un gendarme se présenta à elle,
en lui demandant d'où elle venait ; sur sa réponse, il lui demanda son passe-
-port. La surprise de cette jeune mère fut extrême ; elle répondit qu'elle ne
croyait pas qu'il y eût besoin d'un passe-port pour aller voir son enfant en

nourrice. Alors le gendarme lui ordonna de le suivre, pour retourner à l'endroit d'où elle venait. Forcée d'obéir, la jeune femme rétrograda, et fit ainsi à-peu-près une lieue : elle rencontra alors des paysans qui la reconnurent et qui déclarèrent au gendarme qu'elle avait dit la vérité. Sur leur invitation, il laissa cette dame continuer sa route pour Nantes ; et, comme il était un peu tard, quelques paysans l'accompagnèrent jusqu'aux portes de la ville.

(L'Ami de la Charte.)

» La même feuille raconte plusieurs actes du même genre, qui prouvent que les routes de Nantes sont l'objet d'une surveillance particulière, et que les voyageurs y sont livrés à la complète discrétion des agens de l'autorité. »

(60) N° 139, *du 19 mai 1822.*

» Le *Précurseur* de Lyon annonce, sous la rubrique de Marseille, 11 mai, qu'un réfugié piémontais, le docteur Barbaraux, professeur suppléant à l'université de Turin, connu par ses talens et sa conduite honnête et régulière, a reçu l'ordre de quitter Marseille dans un court délai. Vivant dans la retraite et tout entier à l'étude des sciences médicales, ce médecin a réclamé les droits de l'hospitalité et la protection que les lois accordent aux proscrits ; mais sa plainte a été inutile, des gendarmes l'ont saisi à son domicile et l'ont traîné en prison, d'où il sera, dit-on, retiré pour être conduit jusqu'aux frontières d'Espagne. »

(61) N° 155, *du 4 juin 1822.*

« Toutes les *Quotidiennes* de Paris, de France et de l'étranger vont nager dans la joie. M. l'abbé Frayssinous, évêque d'Hermopolis, est nommé grand-maître de l'université, et ce n'est pas un évêché *in partibus* que ce titre là ; un grand nombre de chefs de division, de chefs de bureau, d'employés, ont été renvoyés du ministère de l'intérieur ; un officier est condamné par le ministre de la guerre, à un mois de prison, pour avoir voté pour un candidat qui n'était pas l'élu ministériel ; et le même ministre permet à trois officiers d'être bannis de France parce qu'il n'y a pas contre eux de motif de les mettre en jugement.

» Les *Quotidiennes* ne se plaindront plus qu'on n'aille pas assez vite en besogne : quelques heures ont suffi pour réduire à la misère une soixantaine d'employés qui, par leur assiduité, leur zèle, leurs talens, avaient résisté comme des rochers à toutes les luttes de parti sous le directoire, sous le consulat, sous l'empire et sous les nombreux ministères de la restauration ; tous ces pères de famille se sont brisés contre l'écueil de M. Corbière : leur naufrage est complet ; eux, et leurs vieux parens, et leurs femmes et leurs enfans, et le prix de leur travail, et l'expectative de leur retraite, leur vie toute entière et celle de leur malheureuse famille, tout est noyé par cet ouragan ministériel.

» Chacun connaissait la circulaire de M. de Villèle et celle de M. de Chabrol : on savait que les fonctionnaires publics qui ne voteraient pas pour les candidats *agréés par le gouvernement*, couraient le risque de perdre leurs places. Mais il n'avait pas été question de perdre sa liberté pour son vote. Personne ne savait qu'en votant librement, on s'exposait à être mis en prison (*).

» Le ministère en corps nous dit : Messieurs les électeurs, votez pour le bien public, selon votre conscience et vos lumières. Mais, en même temps, ce ministre-ci se hâte d'ajouter : Messieurs les électeurs, votez pour moi, ou je vous destitue ; et ce ministre là s'empresse de dire : Messieurs les électeurs, votez pour moi, ou en prison. En vérité, voilà une liberté électorale bien franchement accordée et bien loyalement garantie !

» Et ensuite les *Quotidiennes* nous disent : Approchez, vous allez voir comme nos ministres gouvernent bien. Voyez d'abord comme nous les aimons, puisqu'ils destituent les gens que nous n'aimons pas, et puis, voyez comme la France les aime, puisqu'elle leur envoie une majorité ! Mais comment faire autrement ? Ne vaut-il pas mieux, pour un fonctionnaire civil ou militaire, conserver M. de Villèle que perdre sa place, et voter ponr M. de Bellune que d'aller en prison ? Cela prouve tout juste qu'on les aime mieux qu'une destitution ou un château-fort. Jamais, qu'il m'en souvienne, on n'avait trouvé d'aussi bons moyens de se faire aimer. Forcer les gens à se faire ministériels, sous peine de perdre leurs places et d'aller en prison, est une de ces inventions qui méritent brevet.

» Mais non, la France ne sera pas réduite à cette alternative inouie dans ses fastes. La chambre va s'ouvrir sous ces auspices, et la tribune jouit, du moins encore, d'une liberté qui permettra aux orateurs constitutionnels de discuter la conduite des ministres, par des considérations que la loi sur la liberté de la presse ne nous permet pas de publier. La couronne sera éclairée : elle verra si ce système de gouvernement peut convenir à sa dignité, à l'oubli du passé, à l'union nécessaire pour la stabilité de l'avenir. Elle verra si ce système arbitraire de destitutions et de lettres de cachet peut rallier les Français et leur inspirer cette concorde, cette unité de vœux et de volonté, qui peut devenir si urgente dans les événemens européens, qui, pour être imprévus, n'en sont pas moins possibles. La couronne verra enfin ce qu'elle doit à la France pour la paix publique, et à elle-même pour sa dignité. Les intervalles qui séparent les chambres sont le règne des ministres, la durée des sessions est le règne de l'opinion.

» On nous dira peut-être que la majorité n'exprime pas les opinions que nous professons. Mais la couronne verra fort bien quels orateurs sont les organes de l'opinion publique ; quels sont les députés qui sont envoyés par elle, qu'elle approuve et qu'elle protége ; quels sont ceux qui ont été élus par la volonté libre, par le vote indépendant des électeurs ; quels sont ceux enfin qui ont été élus par des électeurs qui ne voulaient pas perdre leurs places, et qui ne voulaient pas aller en prison.

» Autant que nous pouvons en juger par les divers renseignemens qui nous sont parvenus sur les dernières élections, la vérification des pouvoirs donnera sans doute lieu à de grands débats et à de graves révélations.

(*) L'inculpation s'arrête ici.

Ces faits sont, dans l'état actuel de nos libertés, hors de la portée des journalistes; mais ces journalistes, historiens exacts quoiqu'impassibles des débats législatifs, rapporteront, avec un religieux scrupule, la seconde session de 1822. Dans le compte rendu des séances de la session qui vient de finir, le *Courrier Français* a mérité l'approbation de ses lecteurs et des plus honorables députés. Il n'a négligé aucun moyen pour retracer l'image fidèle des discussions. Il a donné des supplémens toutes les fois que l'importance de plusieurs discours lui en faisait sentir la nécessité. Il redoublera de soin et de zèle pour que le tableau qu'il doit présenter de la première session soit aussi complet que possible »

(62) 157, du 6 *juin* 1822.

« Une feuille dont l'injure et la délation sont les armes habituelles, la *Gazette de France*, nous dénonce aujourd'hui pour avoir annoncé la destitution de soixante employés du ministère de l'intérieur, et pour avoir plaint le sort de ces employés qui, pour la plupart, sont pères de famille, et ne sont plus d'âge à embrasser une nouvelle carrière. Nous savions déjà que la pitié, comme bien d'autres sentimens honorables, était séditieuse aux yeux des hommes de parti, et que, pour leur être agréable, il faudrait se borner à donner la nomenclature de ceux que frappent leur système sans oser les plaindre. Mais il ne faut pas qu'ils attendent de notre part ces petits ménagemens. Ils ont le pouvoir de destituer ceux qui leur déplaisent, de ruiner les anciens possesseurs des emplois, pour satisfaire la cupidité de nouveaux aspirans, et nous, nous avons le droit de compatir au sort de ceux qu'atteignent ces mesures, de leur dire qu'une destitution non méritée ne leur ôte rien de l'estime de leurs concitoyens, et que cette estime s'augmente au contraire de tout l'intérêt que doit inspirer leur nouvelle position (*).

» La *Gazette* nous accuse de faux et de calomnie pour avoir dit avant-hier que soixante employés du ministère de l'intérieur avaient été destitués. Mais la *Quotidienne* portait hier ce nombre à *soixante - cinq*, et certes, en matière de destitutions, la *Quotidienne* est une autorité respectable, car elle compte parmi ses rédacteurs un employé supérieur de la police, et jusqu'à ce que la *Gazette* puisse produire un titre aussi imposant, elle trouvera bon que nous nous en rapportions de préférence à la *Quotidienne*.

» La *Gazette* prétend que le nombre des destitués ne se monte guère qu'à trente, que leur destitution a tenu a la suppression d'un bureau, qu'ainsi elle est une mesure économique ; enfin, que ces employés reçoivent un traitement équivalent à la moitié des économies obtenues par leur suppression.

» Nous connaissons, aussi bien que la *Gazette*, cette dernière disposition de la loi des finances de 1822, qui a été combattue et suffisamment qualifiée par les députés de l'opposition ; elle change peu de chose à la

(*) L'inculpation s'arrête ici.

position des employés ; elle paraît avoir principalement pour but de rendre les destitutions plus faciles, en leur ôtant, du moins en apparence, ce qu'elles avaient de plus désastreux pour ceux qu'elles frappaient. Mais cette espèce de demi-solde donnée aux employés, n'est point un droit, c'est une faveur qui dépend entièrement du ministre, et lorsque ce ministre n'a pas jugé à propos de leur laisser leur emploi, on peut juger s'ils sont bien assurés de conserver une faveur qui tient uniquement à sa bienveillance.

» Au reste, aucun journal ministériel n'a annoncé la suppression d'un bureau au ministère de l'intérieur, et presque tous ont annoncé la destitution d'un grand nombre d'employés. Nous ne pouvions donc deviner le but économique de cette mesure. Depuis long-temps, et surtout depuis les dernières élections, les journaux ministériels demandent à grands cris des destitutions, sans fonder aucunement cette demande sur l'économie. La *Quotidienne* disait le 20 mai : « Il y a encore en dedans de l'administra- » tion des gens suspects qu'il faut en faire sortir, en dehors des gens fi- » dèles qu'il faut y faire entrer. » Il est évident qu'il s'agit là d'un simple remplacement et non d'une économie. Cette même *Quotidienne* annonçait et demandait depuis un mois la nomination de M. l'abbé Frayssinous, comme chef de l'instruction publique; cette nomination vient d'avoir lieu. On a pu croire, d'après cela, que les dernières destitutions étaient une concession faite à la *Quotidienne*, et qu'en conséquence l'économie n'y entrait pour rien. »

(63) N° 160, *du 9 juin* 1822.

» Par jugement du tribunal de simple police, du canton d'Argelès, Pyrénées-Orientales, rendu sur les diligences et poursuites du maire de cette commune, deux domestiques à gages, qui n'ont pour vivre que le prix très-modique de leurs journées, ont été condamnés chacun à une amende de cinq francs et aux frais de la procédure, pour avoir violé *les lois* relatives à l'observation des dimanches et fêtes, en se permettant de labourer le jour de l'Ascension, sur une propriété de leurs maîtres. »

(64) N° 196, *du* 15 *juillet* 1822.

L'article inculpé ici, commençant par ces mots : « *Nous avons an-* » *noncé*, « et finissant : » *Cette barrière*, » est déjà inculpé à la deuxième partie du réquisitoire. Voyez plus haut le réquisitoire page 17, et le renvoi (45) page 93.

(65) N° 215, *du* 3 *août* 1822.

» Le capitaine Lafontaine s'est plaint à la chambre des députés d'avoir été mis en prison pour avoir voulu voter selon sa conscience. Cette mesure était tellement extraordinaire que lorsqu'il en a été question à la chambre, le ministre dont elle émanait a dit que l'emprisonnement du capitaine Lafontaine n'avait point été motivé par son vote électoral, mais par la conduite que cet officier avait tenue pendant les élections, en se mettant à la tête de quelques groupes de séditieux. Deux honorables députés de la Côte-d'Or sont montés à la tribune pour dire que la tranquillité publique n'avait pas été troublée un instant à Dijon, pendant les élections ; qu'il n'y avait eu ni sédition ni séditieux , et qu'en conséquence le capitaine Lafontaine n'avait pu se mettre à leur tête. Ils ont invoqué le témoignage des autorites de la ville et des députés du département qui siégent sur des bancs opposés : aucune réclamation ne s'est élevée contre leurs assertions. Les faits avancés par le ministre se trouvaient donc formellement contredits; ceux énoncés par le capitaine Lafontaine subsistaient dans toute leur force. Une réponse du ministre devenait nécessaire; il fallait, pour détruire l'effet de la déclaration des deux honorables députés, qu'il fît connaître sur quels témoignages ses assertions étaient fondées , sur quelles preuves il avait ordonné l'emprisonnement d'un officier. Telle était la marche indiquée par les usages parlementaires; ce n'est point celle qu'a suivie M. le ministre de la guerre. Il na point répondu à la tribune; mais on lisait dans le *Moniteur* d'hier une ordonnance ainsi conçue :

« Le sieur Lafontaine (Joseph-Pierre), capitaine au corps royal d'état-
» major, est rayé des contrôles de ce corps, et réformé sans traite-
» ment. »

» Cette réponse, si c'en est une, n'infirme pas les faits énoncés à la chambre par les députés de la Côte-d'Or. Elle ne prouve pas qu'il y ait eu sédition à Dijon pendant les élections, et que le capitaine Lafontaine n'ait pas été emprisonné pour son vote; elle prouve seulement que lorsqu'un officier est mis en prison pour n'avoir pas voté comme on le lui ordonnait, il faut qu'il garde le silence, s'il ne veut pas être dépouillé de son état ; elle prouve qu'une fois entré dans la carrière de l'arbitraire, on est forcé d'y faire chaque jour de nouveaux progrès, et qu'un premier abus de pouvoir en entraîne nécessairement d'autres plus graves et plus préjudiciables encore aux citoyens. La faculté de destituer un officier comme un garde champêtre a été contestée au ministère par les plus éloquens orateurs de la chambre ; et la majorité elle-même, en passant à l'ordre du jour sur la pétition du colonel Simon Lorrière, n'a point dans ses discours proclamé formellement ce principe, qui serait contraire aux usages et aux lois existantes en France comme dans les autres pays de l'Europe. On pouvait donc croire que la destitution prononcée contre M. Simon Lorrière était un acte sur lequel on n'avait pas voulu revenir, mais qu'on ne serait pas tenté de renouveler. L'ordonnance d'hier prouve que cet abus de pouvoir est maintenant reconnu comme un droit légal , et qu'un officier, après bien des blessures et des années d'honorables services, peut être renvoyé sans traitement comme le dernier employé de la police.

» Les journaux qui demandent chaque jour qu'on mette la force à la place de la justice, applaudiront sans doute à cette mesure. Ils y verront un acte de vigueur, d'énergie, de haute politique. Les citoyens exempts de passions n'y verront que l'impossibilité où le ministre s'est trouvé de répondre,

par de bonnes raisons , aux reproches qu'il a essuyés à la tribune; ils
y verront un nouvel aveu de l'ascendant qu'on veut exercer sur la conscience de tous ceux qui reçoivent un traitement de l'état , et du peu de garanties qu'on veut laisser à l'existence et à l'état des officiers. Peut-être est-il
plus facile d'administrer ainsi, que par les voies constitutionnelles ; mais
il n'en est pas moins vrai que M. le ministre de la guerre a agi dans cette
circonstance d'une manière peu adroite et peu habile. En niant à la tribune que M. Lafontaine eût été arrêté pour son vote électoral, il a reconnu qu'il n'avait pas le droit de prononcer une pareille punition pour
un pareil motif. En ne répondant aux honorables députés de la Côte-
d'Or que par la destitution de M. Lafontaine, il a prouvé que cet officier
n'avait été arrêté que pour son vote, et qu'on n'avait point d'autre fait à
lui reprocher. Ainsi donc , après avoir avoué que les reproches que lûi
adressait l'opposition seraient justes si le fait auquel ils se rapportaient
était réel, il s'est empressé d'établir la réalité de ce fait dont il se défendait
d'abord ; il a agi exactement comme s'il eût voulu prouver que l'opposition
avait raison dans tout ce qu'elle avait dit. Tant il est vrai que l'arbitraire
porte malheur à ceux mêmes qui l'exercent, et que le meilleur moyen, pour
les ministres, de se montrer habiles, c'et de ne point mettre leurs caprices
à la place de la justice, et de préférer la confiance, l'estime, l'assentiment
de la nation, aux applaudissemens d'un parti toujours prêt à se mettre
au-dessus des lois, parce qu'il sent lui-même que ses prétentions sont injustes. »

(66) N° 222 , *du 10 août 1822.*

(Premier article inculpé.)

« L'existence simultanée de partis divers ou opposés donne aux états
représentatifs l'activité nécessaire à leur stabilité. Mais il ne faut pas se
méprendre sur la valeur du mot *parti*. Dès que dans l'attaque ils sortent
du domaine des opinions publiques, de l'administration publique, du système public du gouvernement, ils cessent d'être des partis pour devenir
des factions. Je vois des partis, tant qu'au-dessus des partis je vois en même
temps , comme leur unique régulateur et leur mutuelle sauve-garde, cette
équité naturelle et cette justice sociale sans lesquelles nulle société ne peut
vivre en paix.

» Ainsi, dès que, sous le vain prétexte des opinions publiques , je vois
attaquer les libertés individuelles et les propriétés privées, je me dis : les
partis ont fini , les factions commencent. Les *constitutionnels* de 1792, furent les *suspects* de 1793 ; et comme dans la route de l'arbitraire, il n'y a
plus ni règle , ni frein, les suspects furent déclarés *factieux* , on s'assura
de leurs personnes par les prisons et de leurs propriétés par le séquestres.
Dès que la suspicion est un crime , le dévouement est une vertu ; pour prouver ce dévouement, on inventa bientôt les *certificats de civisme* ; ceux qui
les obtenaient s'intulaient notaires , avoués , etc., des sans culottes , et ceux

qui ne les obtenaient pas étaient privés de leur état , c'est-à-dire de la propriété qui coûte le plus à acquérir.

» Ces temps sont loin de nous , et le barreau de Paris vient de faire un
noble effort pour nous prouver que s'il existe des partis , il n'existe pas de
factions. On sait que M. Lecomte , de Joigny , avoué , a été destitué par
une ordonnance de propre mouvement. Les esprits factieux ont applaudi ;
tous les hommes sages , j'ajoute même tous les hommes de parti ont mur-
muré. Nos plus honorables jurisconsultes , MM. Parquin, Delacroix-Frain-
ville , Gicquel , Berryer père , Chauveau-Lagarde , Darrieux , Tripier ,
Dupin , Persil , Loiseau , Nicod , ont donné à M. Lecomte une consultation
délibérée , par laquelle ils établissent d'une manière incontestable que les
fonctions d'avoués et de notaires ne sont point révocables , et que ces fonctionnaires ne peuvent être destitués par une ordonnance.

» Les noms que je viens de citer appartiennent à toutes les opinions , et
toutefois , je ne tirerai de cette consultation aucune preuve pour M. Lecomte ; elle est signée par des libéraux , et je ne veux pas qu'on puisse me
dire que l'avis de ceux-ci a pu faire pencher la balance. Je ne m'arrêterai
pas même à l'avis de M. Hennequin , quoique très-bien raisonné , et quoique
nos adversaires ne puissent qu'avouer ce jurisconsulte ; je passe à la consultation de M. Billecoq , bâtonnier de l'ordre des avocats ; sous tous les
rapports son opinion doit leur paraître inattaquable. Eh bien ! M. Billecoq
répond , avec les lois et avec sa conscience , que l'ordonnance relative à M.
Le comte est une méprise du pouvoir , que c'est un monument où l'erreur
peut s'introduire contre la volonté royale elle-même , parce qu'il suffit pour
cela que le ministre se soit trompé. « Les dépositaires du pouvoir , ajoute
M. Billecoq , éprouvant chaque jour , dans l'intérêt de l'état , le besoin
d'une action forte , se trouvent plus disposés , sans même y être naturellement enclins , à adopter toute mesure qui leur semble devoir assurer le
maintien de cette action. Mais les lois qui sont au-dessus du pouvoir , qu'elles
mêmes ont établi et réglé dans ses attributions , les lois lui ont tracé ses
bornes. D'un autre côté , elles ont fondé et garanti des droits pour les citoyens. Si le pouvoir méconnaît ces droits , il transgresse ses limites. Le
désordre commence , la voix qui le signale , quand il est constant , ne saurait être regardée comme une voix ennemie. »

» (*) M. Lecomte avait deux moyens à prendre , l'un hostile qui con-
sistait à se taire , l'autre sage , c'était la plainte. J'ai dit que l'hostilité était
dans le silence , et en effet : les ministres , disait-on déjà , se sont emparés
de ce qu'on appelait sous l'ancien régime les *professions libérales*. Ils peuvent destituer les avocats , les greffiers ; les lois avaient mis hors de leur
main les notaires et les avoués , ils destituent , au mépris des lois , les avoués
et bientôt les notaires. Qu'ils privent un juge de son emploi , et l'arbitraire
sera complet dans le département de la justice. Tout ce qui ressort des divers ministères d'administration est destituable ; l'ordonnance relative à
M. Lafontaine , place l'arbitraire dans l'armée , celle relative à M. Lecomte

______

(*) L'inculpation commence ici , et , s'arrête fin de l'alinéa , à ces mots : *était
hostile.* (**)

le place à la justice : tout est à merveille ; les mécontens iront croissant : greffiers, avoués, notaires, huissiers, agens-de-change, courtiers de commerce, ne pourront plus compter sur leur état. Il en sera de même dans l'armée : pas une place stable dès qu'elle tient au gouvernement ; pas un père qui puisse vouloir des emplois pour ses fils, pas un père qui veuille donner sa fille à un employé dont l'existence sera si précaire. C'est bien, très-bien ; et comme on ne tient à la tranquillité du gouvernement qu'autant qu'il est la garantie des tranquillités particulières, du moment où il trouble la paix des citoyens, les citoyens n'ont plus aucun intérêt à ce que lui-même vive en paix. Voilà quel était le résultat du silence, et sous ce rapport, je crois ne pas m'être trompé en disant que ce silence était hostile. (**)

» La plainte était donc le parti le plus sage ; tous les avocats que j'ai cités pensent que l'ordonnance doit être annulée ; mais qui peut la casser ? Tous pensent qu'une injustice a été commise ; mais qui réparera l'injustice ? Je m'adresse encore à M. Billecoq, car si ses confrères aiment le gouvernement comme lui, peut-être plus que ses confrères aime-t-il le système actuel de gouvernement. Il dit que M. Lecomte doit se pourvoir, et que le succès de ce pourvoi est infaillible ; il affirme, les lois à la main, qu'il faut, ou qu'on fasse juger M. Lecomte selon les formes spéciales pour la profession d'avoué, ou qu'on lui rende son état. Cette alternative, ajoute-t-il, est le seul moyen de faire justice. Mais, dans tous les cas, il faut s'adresser à M. le garde-des-sceaux. « Ce ministre, c'est M. Billecoq qui parle, ce ministre est honnête homme ; il ne peut qu'être disposé à reconnaître une erreur et à en assurer la réparation. » Mais les propres paroles de M. Billecoq m'embarrassent. M. le garde-des-sceaux accueillerait-il la demande de M. Lecomte ? C'est dans l'ordre des choses probables, et alors le public dira avec M. Billecoq : Ce ministre est honnête homme, disposé à reconnaître et à réparer ses erreurs. Mais si M. le garde-des-sceaux rejetait la demande de M. Lecomte, ce qui est dans l'ordre des choses possibles, je le demande à M. Billecoq, que dirait le public ?

» Il faut donc prendre les voies légales. Les consultations obtenues par M. Lecomte ne sont pas sans doute inconnues à M. le garde-des-sceaux. Si ce ministre voit l'erreur, il est le maître de la réparer : on peut aller de soi-même au-devant de la justice, sans blesser l'étiquette. Je me suis trompé, j'ai fait une faute : voilà les mots qui font le plus d'honneur aux hommes qui se trompent le plus rarement.

» M. Billecoq ne saisit pas seulement en thèse générale la défense d'un avoué destitué par ordonnance ; le sort de M. Lecomte l'intéresse, et il saisit cette occasion de rendre à ce citoyen une éclatante justice. On sait qu'un ministre et un député ont fait bruit à la tribune d'une accusation de faux dans laquelle ils disaient M. Lecomte impliqué. « Je saisis cette occasion, dit M. Billecoq, d'éclairer l'opinion publique sur un fait personnel à M. Lecomte : Chargé dans le temps de la défense, devant la cour d'assises de Versailles, de M. Cugnot, alors notaire à Rambouillet, dont M. Lecomte était le maître-clerc, et dont j'ai facilement fait triompher l'innocence, plus que personne, je sais que si, comme maître-clerc du notaire prévenu, M.

Lecomte a dû naturellement devenir un objet d'attention pour des magis-trats vigilans et amis de leurs devoirs, il n'a toutefois jamais été compris dans l'accusation de faux, et n'a figuré dans le procès que comme témoin. »

» Voilà donc M. Lecomte parfaitement a l'abri de tout reproche, et comme citoyen et comme avoué. Une seule chose est constatée : c'est la méprise du pouvoir, c'est l'injustice, et nous faisons des vœux pour qu'elle soit réparée comme elle a été commise, *proprio motu*.

» Nous fininissons par l'éloge des avocats du barreau de Paris qui, quelle que fût d'ailleurs leur opinion politique, ont vu qu'au-dessus de toutes les passions de parti et de toutes les fureurs de faction, il existait des lois qu'il fallait respecter pour l'intérêt de tous, et une justice qu'on ne pouvait méconnaître sans blesser tous les droits ; et s'il est vrai que toujours les actions amènent des réactions, plus les hommes sages auront forcé l'action à se renfermer dans les limites légales, plus, par cela seul, ils forcent la réaction à ne pas les dépasser. »

(Deuxième article inculpé.)

» M. Wolff, intendant militaire à Strasbourg, vient d'être destitué. On remarque que le poste d'intendant de la 5ᵉ division militaire, com-mandée, comme on sait, par le général Pamphile-Lacroix, éprouve de fréquentes mutations ; car il n'y a que six semaines que M. Duperreux en a été éloigné. M. Wolff, qui lui avait succédé, et qui se trouve déja remplacé, sera sincèrement regretté par les habitans de Strasbourg. »

(67) Nᵒ 227, *du 15 août* 1822.

« Au moment où la cour d'assises de l'Yonne vient de reconnaître que la conspiration de Joigny n'était qu'une conspiration imaginaire, tous les regards et les vœux se tournent vers M. Lecomte ex-avoué à Joigny, qui n'a pas même été mis en accusation, et qui, cependant, par une mesure ex-horbitante, a été frappé de destitution, et privé d'un état qui composait presque toute sa fortune. Les consultations des premiers avocats de Paris ont démontré jusqu'au dernier degré d'évidence que cette destitution était une violation ouverte des lois sur la matière ; cependant le ministère per-siste dans une décision qui n'avait d'abord été considérée que comme une erreur, et il conteste même à M. Lecomte le droit de présenter un succes-seur.

» Il appartient à l'opinion publique de réparer les effets d'un acte aussi arbitraire, et d'offrir à M. Lecomte, chargé d'une famille nombreuse et en bas âge, un dédommagement à la perte qu'il éprouve. En conséquence, d'honnêtes citoyens, d'honorables députés, des magistrats, des notaires et des avoués, ont conçu l'heureuse idée d'ouvrir en sa faveur une souscrip-tion volontaire à laquelle s'empreseront de concourir toutes les classes de de la société, et notamment celles qui se trouvent exposées à une révoca-tion de *propre mouvement*. C'est une garantie contre l'arbitraire ; c'est une sorte d'assurance mutuelle que s'offrent les fonctionnaires de cette nature.

« Le montant des souscriptions sera versé à Paris, chez M. Casimir-Perrier, banquier, rue Neuve-du-Luxembourg, n° 27. »

(68) N° 288, *du 15 octobre 1822.*

« L'interdiction des libraires Leroux et Corréard, puis celle du libraire Terry, l'inutilité de leurs réclamations, le bruit qui s'est répandu que l'autorité était à la veille d'étendre ces mesures à plusieurs autres libraires et imprimeurs, ont fait naître une grande inquiétude et une extrême méfiance dans le commerce de la librairie. Il en est résulté une stagnation complète dans toutes les entreprises commencées; et il est à craindre, si cet état se prolonge et si l'on ne parvient à rassurer les esprits, que la fin de l'année et l'époque des réglemens n'amène de nombreuses faillites. »

(69) N° 308, *du 4 novembre 1822.*

« Si la justesse des réflexions que nous avons publiées sur l'ordonnance de police relative aux marchands étalagistes avait besoin d'être confirmée, elle le serait pleinement par les réponses que quelques journaux nous ont faites. Ils voudraient faire croire que nous prenons la défense des gravures licencieuses et des livres obscènes, et que nous réclamons la libre exposition de ces honteuses productions. Personne ne peut être dupe de ce misérable subterfuge. Ne semblerait-il pas, à entendre nos adversaires, que les étalages des marchands n'offraient, avant la dernière ordonnance, que des objets de corruption et de scandale; qu'on ne pouvait faire un pas sans trouver des dessins ou des livres révoltans pour la pudeur? S'il en eût été ainsi, c'eût été la faute de l'autorité, car il y a des lois pour réprimer les excès de ce genre, et les tribunaux se sont toujours montrés prêts à les appliquer avec une sévérité convenable. Mais le scandale auquel on veut faire croire n'existait pas, et l'on avait d'ailleurs tous les moyens légaux nécessaires pour le faire cesser, s'il s'en fût offert quelque exemple. Les mœurs publiques ne sont sont ici qu'un prétexte; elles n'ont aucun profit à attendre de pareilles mesures; et ce n'est point dans leur intérêt que ces mesures ont été conçues. Nous sommes aussi amis de la morale que qui que ce soit, et c'est par cette raison même que nous repoussons l'arbitraire, et que nous demandons l'exécution des lois. Nous ne voulons pas que les ouvrages licencieux soient étalés; mais nous voulons que le public soit préservé de ce scandale, par la loi ainsi que par les tribunaux, et non point par le caprice des agens de police. La loi et les tribunaux présentent à la société toutes les garanties desirables, et les agens de police n'en présentent aucune; voilà pourquoi nous nous croyons en droit de réclamer, lorsqu'on veut substituer l'intervention capricieuse et illimitée de ceux-ci, à l'action régulière et légale de ceux-là. Une pareille disposition nous paraît indiquer plutôt l'amour de l'arbitraire que l'amour de la morale, et il ne faut pas que la morale serve de voile à des combinaisons qui lui sont étrangères.

8

« A entendre les journaux qui nous répondent, les pères de famille sont dans la joie depuis que l'ordonnance en question a paru ; les mœurs de la jeunesse ne courent plus de dangers, toutes les sources de la corruption sont fermés. Grand sujet de sécurité en effet pour les pères de famille , que les restrictions apportées au commerce de la librairie ! Ils seront sûrs, il est vrai , quand leurs fils iront au Palais-Royal , qu'il n'y verront plus le *Contrat Social* sur les étalages des libraires ; de quel danger les voilà préservés ! qu'importe après cela le spectacle que les galeries leur offriront le soir ? qu'importe qu'on laisse ouvertes à leur inexpérience ces maisons privilégiées où ils iront perdre en une heure leur fortune, leur honneur, leur réputation, et d'où ils emporteront la misère, l'opprobre et le désespoir ? Quelle idée les journaux qui nous combattent ont-ils donc du public, s'ils le croient capable de se payer des raisons qu'ils lui donnent. Pensent-ils qu'on ne sache pas distinguer la vérité du mensonge et la vertu de l'hypocrisie ? Ce n'est point ainsi qu'on améliore les mœurs et qu'on se concilie l'opinion publique. Si c'est véritablement l'intérêt de la morale publique qui vous anime, fermez ces repaires du crime et de l'immoralité, ces sources toujours renaissantes de misère , de démoralisation, de désespoir et de mort ; ne mettez point d'entraves au commerce, pas plus à celui de la librairie qu'à tout autre ; faites exécuter les lois, ne demandez qu'aux tribunaux la répression des délits, restreignez l'action de la police au lieu de l'étendre ; alors vous aurez en effet servi utilement la morale publique , alors vous aurez acquis des droits à la reconnaissance des pères de famille , de la jeunesse elle-même et de tous les bons citoyens. »

(70) N° 311 , *du 7 novembre 1822.*

» Depuis plusieurs jours, dit l'*Ami de la Charte*, la police de Nantes déploie une grande activité : elle a fait de fréquentes recherches dans tous les hôtels garnis, et dans toutes les auberges. On ignore le but de ces perquisitions. On assure que la police prend aussi des mesures pour connaître toutes les personnes qui sortent de Nantes et qui se dirigent du côté de la mer. Toutes les voitures publiques qui viennent ici sont scrupuleusement visitées à leur arrivée ; et les voyageurs qui n'ont pas de passe-port sont tenus de s'expliquer immédiatement avec l'autorité compétente.

» La même feuille annonce que le 1er de ce mois un commissaire de police s'est présenté dans plusieurs hôtels garnis et autres établissemens publics de la ville de Nantes, pour s'informer et prendre note des journaux auxquels on est abonné. »

(71) N° 314 , *du 10 novembre 1822.*

Le fragment inculpé ici, commençant par ces mots : *Un poste,* et finissant par ceux-ci : *pas existé,* se trouve compris dans un article inculpé en entier à la première partie du requisitoire. Voyez plus haut le réquisitoire page 7, et le renvoi (2) page 35.

(72) N° 328, *du 24 novembre* 1822.

Le fragment inculpé ici commençant par ces mots : « *Le Moniteur avait rapporté* » et finissant par ceux-ci : « *écoles du monde* » se trouve compris dans un article inculpé tout entier à la deuxième partie du réquisitoire. Voyez plus haut le réquisitoire page 14, et le renvoi (31) page 82.

(73) N° 342, *du 8 décembre* 1822.

» Les épurations ne discontinuent pas. M. Moufle (Auguste), employé au bureau du génie de la guerre, vient d'être destitué. Ce jeune homme emporte les regrets de ses collègues. Depuis trois ans il n'a cessé d'être en butte aux délations. Deux ou trois pièces de vers, fort innocentes, imprimées il y a six mois dans le *Miroir*, ont, dit-on, donné lieu à la mesure plus que rigoureuse qu'on a cru devoir prendre à son égard. »

(74) N° 343, *du 9 décembre* 1822.

» Tous les articles des feuilles publiques de l'Europe, toutes les notes diplomatiques des cabinets, tous les écrits du jour, ont pour objet de discution les probabilités positives ou négatives d'une guerre contre l'Espagne ; mais, comme cette guerre serait déclarée par le peuple français, qu'il en ferait les premiers frais, qu'il y paraîtrait en première ligne, qu'il aurait à en subir les éventualités et que les succès mêmes d'une pareille entreprise ne seraient pas sans périls pour lui, c'est surtout en France qu'une telle matière a dû fixer fortement l'attention. De là ces alternatives de crainte et d'espérance, ces jeux ruineux de bourse, ces hausses et ces baisses de fonds publics, propres à troubler l'équilibre des plus grandes fortunes financières ; ces prix d'assurances qui élèvent déjà celui des consommations ; de là principalement les inquiétudes des partis, devant lesquels s'ouvrirait, au moins en esprit, un nouveau champ de bataille et qui, sans se le dire, se promettraient, de la même cause, des effets opposés.

» La grande question de l'état de la Péninsule se complique de plusieurs intérêts étrangers à la France et à l'Espagne elle-même : mais, il faut bien en convenir, elle se présente en France avec des caractères si graves que le gouvernement est tout le premier à hésiter devant la solution qu'il s'était préparée par l'établissement de son prétendu cordon sanitaire.

» M. le duc de Montmorency, après avoir déclaré au dernier congrès que le système politique de la Péninsule est contradictoire de formes, et encore plus de principes, à ce qui se passe chez nous, a sollicité, auprès des puissances européennes, la faculté de le modifier par une intervention armée des troupes françaises ; mais une intervention ne peut avoir lieu qu'entre des forces qui se balancent ; et l'armée *dite de la Foi* étant dissoute, au lieu d'une intervention sans motifs, il n'y a plus qu'une invasion de possible. Avant de hasarder celle-ci, la prudence veut qu'on y regarde de près ; car la position intérieure de la France est telle et, personne ne se le dissimule, qu'on ne saurait envahir, sans consentir à être envahi. Que ce soit sous le titre d'occupation, ou sous celui de garantie militaire, il n'importe. Il n'y a pas de peuple au monde qui sache gré à ses gouvernans de le jeter dans les chances d'une occupation; et il y a peu de gouvernans qui consentissent, de leur côté, à s'exposer au reproche public de l'avoir provoquée.

» (*) Ce que l'on voulait positivement à Vérone est donc un objet de doute à Paris ; ce que l'on regardait comme facile dans un congrès semble autre chose en présence et à l'approche de l'événement même. Si la passion égare, l'intérêt, et surtout l'intérêt de négoce, trompe rarement. Les partisans du système suivi aujourd'hui en France spéculent tous à la hausse sur les fonds publics ; dès que les bruits de guerre contre l'Espagne s'accréditent, les fonds baissent; dès que les probabilités promettent la paix, soudain les fonds s'élèvent. Ce double mouvement n'est pas plus équivoque que sa cause; il y a donc une prévoyance qui, dans le premier cas, s'attend à des périls, et qui, dans l'autre se rassure. Un tel avis est d'autant moins suspect pour l'autorité, qu'il ne vient pas d'un libéralisme, par elle, tant combattu. Ce sont ses amis, ce sont les hommes monarchiques qui le lui donnent; et parmi ces hommes monarchiques, ce sont ceux qui possèdent auxquels elle le doit; les autres veulent des hasards : reste à savoir s'il est bon de les courir avec eux. Etrange position du gouvernement français, qui s'est créé un fâcheux dilemme, dont les deux branches lui sont également défavorables! Il ne peut faire la guerre, sans regarder à-la-fois là où il la porte, là où il reste, ce qu'il laisse derrière lui et ce qu'il lui faut recevoir ; il ne saurait, non plus, demeurer en paix, sans craindre ce qu'on peut lui apporter et ce dont il ne peut se défendre. Que conclure de cette observation? Qu'il y a un vice intime dans notre administration; qu'elle ne s'est pas encore appuyée sur les véritables intérêts du pays ; que, dans certains cas, elle n'oserait leur demander un secours; que, dans d'autres, elle le redouterait même; que ne s'étant assuré au dedans que de faibles, quoique très-bruyans auxiliaires, elle sent la triste nécessité d'en chercher de très-dangereux au dehors; et que, par conséquent, elle ne possède pas, ce que devrait avoir tout souverain, une force qui lui soit propre. Puisque la marche actuelle des affaires place trop évidemment le trône d'un côté et le peuple de l'autre, il y a donc un changement à effectuer pour l'avantage réciproque du trône et du peuple. Je sais qu'avec telle loi des élections, qu'avec telles fraudes et telles violences, dont il me serait facile de tracer un historique, on peut faire entrer, dans notre chambre des communes, tels députés que l'on voudra; mais leur faire représenter des intérêts nationaux est tout autre chose, et la perplexité du ministère actuel le prouve assez. Persuadez, si vous pouvez, à la nation que ces hommes qui vont stipuler pour elle ne veulent que ce qu'elle veut, c'est-

(*) L'inculpation ne commence qu'ici jusqu'à la fin de l'article.

à-dire, une monarchie héréditaire, fondée sur les libertés publiques : dès ce moment toute guerre est possible à moins qu'elle ne soit injuste, et toute paix devient pleine de sécurité, à moins qu'elle ne soit sans honneur ; dans le cas contraire, tout est péril, et c'est un peu tard qu'on s'en aperçoit ; mais au moins la source du mal est connue ; il n'en faut pas davantage pour la sagesse.

KÉRATRY,
Député du Finistère. »

(75) N° 26, *du 26 Janvier 1823.*

» « Les préparatifs de guerre ont pris, depuis quelques jours, une activité extraordinaire ; les journaux fanatiques présentent déjà la guerre comme déclarée ; la faction qui depuis si long-temps travaille à amener ce résultat pousse des cris de joie ; et cependant, à l'aspect de la situation nouvelle où la France se trouve tout à coup jetée, je ne sais quel sentiment de sécurité semble encore prévaloir dans l'esprit de quelques hommes sages, sur les alarmes si généralement répandues. Il leur semble impossible qu'un ministère puisse toujours rester sourd aux avis que lui donnent, non pas l'opposition dont il ne veut rien accueillir, mais les événemens qui se passent sous ses yeux, événemens dont il n'ignore ni la cause ni les conséquences. Ils ne peuvent croire qu'un gouvernement n'ait pas la conscience de ses véritables intérêts, de ses plus impérieux besoins ; qu'il persiste long-temps à compromettre les uns et les autres, et cette conjecture acquiert un nouveau degré de vraisemblance quand on songe qu'aucun motif grave, aucune raison plausible n'a rendu la guerre nécessaire et ne peut faire fermer les yeux sur les malheurs qu'elle entraînerait ; car c'est en vain qu'une faction voudrait faire croire la dignité de la couronne compromise dans cette question : la France n'a reçu aucune insulte, aucune menace, aucune provocation, et la dignité de la couronne consiste bien plus à maintenir la France dans un état de prospérité qui lui donne une attitude imposante aux yeux des étrangers, qu'à entreprendre une guerre dont la seule appréhension a déjà été si funeste et dont la réalité peut l'être bien plus encore.

» Quelque défiance qu'on ait de la puissance de la raison lorsqu'elle se trouve aux prises avec les intérêts personnels ; quelque idée qu'on se fasse de l'opiniâtreté d'une faction décidée à tout risquer, on ne peut, en jetant un coup-d'œil sur le passé et sur notre situation présente, se défendre de partager, jusqu'à un certain point, l'opinion de ceux qui regardent encore comme peu vraisemblable cette guerre qu'un parti se plaît à présenter comme certaine et inévitable. Quel pays fut jamais dans une situation plus déplorable que la France en 1816 ? qui n'aurait cru que pour se relever de tant de désastres, il lui faudrait de longues années et des efforts actifs et soutenus de la part de son gouvernement ? On peut évaluer, sans crainte d'exagération, à plus de trois milliards ce que lui avaient coûté deux invasions consécutives, ainsi que les restitutions prescrites par la loi du 5 décembre 1814. Cependant, depuis l'ordonnance du 5 septembre jusqu'au moment où il a été question d'entreprendre contre l'Espagne une guerre d'agression, c'est-à-dire, dans un espace de six années, les plaies de l'état avaient été fermées, les désastres avaient été réparés, les développemens toujours croissans du commerce et de l'industrie avaient porté la France à un point de prospérité tel que personne n'eût osé l'espérer, et lui promettaient, dans un avenir peu éloigné, une situation plus florissante encore. Qui avait produit ces étonnans résultats? La paix, la paix seule ; car, certes, on ne peut en faire honneur à la fixité du système administratif, ni aux économies apportées dans l'administration publique.

» *Cependant l'apparence de la guerre, trois mois d'alarmes et d'incertitudes, ont en partie détruit l'ouvrage de six années de paix ; il a suffi de quelques jours d'inquiétudes pour causer à la fortune publique et aux fortunes particulières un préjudice que plusieurs années pourront à peine réparer. L'attitude hostile prise à l'égard de l'Espagne a tout-à-coup fermé à la France le vaste débouché que lui offraient onze millions de consommateurs, pour en gratifier l'Angleterre, qui, mieux avisée, vient de s'assurer par un traité de commerce les avantages que nous avons volontairement perdus. L'essor de l'industrie s'est arrêtée, l'activité du commerce s'est trouvée paralysée, le crédit public a été ébranlé, les sources de la richesse se sont fermées, et l'avenir, naguère si fécond en espérances, n'a plus offert qu'un tableau sur lequel les bons citoyens osent à peine arrêter leurs regards. Que l'on compare la France, telle qu'elle est aujourd'hui, à ce qu'elle était il y a six mois, et l'on verra la mesure du mal déjà fait et de celui que l'on peut craindre encore. Car si l'apparence seule de la guerre a déjà produit de si grands et de si funestes résultats, qui oserait calculer la progression de désastres que doit amener la guerre elle-même? Qui oserait affirmer que, deux mois après le commencement des hostilités, la France n'aura pas entièrement perdu le fruit de six années de travaux pacifiques, et ne se trouvera pas rejetée dans une situation pire que celle où elle était en 1816 ? »*

» Ces considérations, qui ont depuis long-temps fixé l'attention des bons citoyens, ne peuvent avoir échappé aux ministres, quelles que soient leurs vues et leurs opinions particulières. Une fraction du ministère s'est prononcée long-temps pour le maintien de la paix ; on a dit que depuis quelques jours elle s'était réunie aux ministres prononcés pour la guerre : peut-être a-t-elle fléchi momentanément devant les obstacles qu'elle ne pouvait surmonter ; mais si elle a été de bonne foi dans son opposition à la guerre, il est presque impossible de croire qu'elle ait réellement cédé. La vérité, la raison, la justice, ne peuvent être méconnues dans la discussion des affaires d'état. Dès-lors, comment supposer que des ministres qui pouvaient appuyer leur opinion par le tableau dont nous avons indiqué quelques traits, par le récit de calamités dont personne mieux qu'eux ne peut apprécier l'étendue, aient cédé à la volonté de leurs collègues? Qu'a-t-on pu opposer à des faits si intimement liés à l'intérêt et à la stabilité du gouvernement? Quelles considérations ont pu balancer celles qui naissent de

la situation présente de la France ? Par quel effort de logique les partisans de la guerre auraient-ils pu empêcher que leur système ne présentât,
dans un avenir prochain, l'accroissement rapide des maux déjà éprouvés,
la ruine totale du commerce et de l'industrie, un surcroît de charges pour
les contribuables, ou des emprunts devenus ruineux par la dépréciation
des effets publics ? Nous le répétons : si des ministres ont été de bonne foi
dans leur opposition à la guerre, leur conviction, loin de changer, n'a
pu que se fortifier par ce qui se passe chaque jonr ; leurs raisonnemens
n'ont pu être sans effet sur leurs collègues, et des concessions imposées par
la nécessité ne doivent pas les empêcher de persister dans leurs premiers
projets. Ainsi, quoiqu'un parti se flatte déjà que le discours d'ouverture de
la session annoncera positivement la résolution de faire la guerre, il est
encore permis d'en douter, et toutes les probabilités sont contraires à leurs
espérances. Le discours d'ouverture est l'œuvre du ministère ; et le ministère qni connaît l'état de la nation, le ministère qui peut encore revenir
sur ses pas, ne saurait songer à se jeter irrévocablement dans une carrière dont l'intérêt public et son propre intérêt lui prescrivent de
s'éloigner.

» Qui peut d'ailleurs prévoir comment cette communication serait reçue
par la chambre ? Les journaux fanatiques nous annoncent depuis long-
temps, que la majorité voudra la guerre ; mais en cela ils ont peut-être
plus consulté leurs désirs que l'opinion réelle des députés. Ils n'ont vu,
dans les députés, que des hommes de parti ; mais, avant tout, un député
a des intérêts comme citoyen, comme propriétaire, et des devoirs comme
organe des intérêts d'une localité. Quel est le député, habitant une ville
maritime, qui, ayant vu le commerce arrêter ses spéculations, les armateurs suspendre leurs expéditions, la langueur succéder dans nos ports à
une bienfaisante activité, et la misère remplacer l'aisance qui régnait dans
une population laborieuse, voudra voter pour une guerre qui doit maintenir et empirer cet état de choses ? Croit-on trouver des partisans de la
guerre parmi les députés envoyés à la chambre par des villes manufactu-
rières, où chaque jour les petites manufactures se ferment sans retour, où
les manufactures plus riches sont forcées de diminuer leurs travaux de plus
de moitié, où tant de familles naguère heureuses sont livrées aux horreurs
du besoin ? En trouvera-t-on parmi les députés de ces départemens du
midi, pour qui le commerce avec l'Espagne était une source de prospérité
à laquelle ils doivent renoncer peut-être pour toujours ? Quel est le département qui ne souffre pas de la guerre, et quel est le député, digne de ce
titre, qui ne voudra pas faire cesser un mal qui pèse sur toutes les classes
de citoyens ? De quelque côté qu'ils siégent, les députés, fidèles à leur mandat, ne peuvent vouloir la guerre ; elle ne peut être appuyée que par le
petit nombre de ceux qui sacrifiant l'intérêt public à l'intérêt privé, voient
dans la complication des événemens un moyen d'arriver au pouvoir, ou
qui espèrent, en attirant les étrangers en France, obtenir une forme de
gouvernement plus favorable à leur soif de domination. En réfléchissant à
la situation de la France, et aux élémens dont se compose la chambre,
peut-être jugera-t-on qu'il n'est point impossible que cette chambre, *toute*

royaliste, comme on le répète chaque jour, rejette une guerre qui n'est ni nécessaire, ni politique, ni royaliste, ni nationale.

» En nous livrant à ces considérations, nous avons moins exprimé nos espérances personnelles que les conjectures de quelques citoyens éminemment recommandables par leur patriotisme et leur sagesse. Leurs conjectures sont sans doute aussi des désirs, et ces désirs, nous les partageons bien sincérement. Quoiqu'on ait cherché à calomnier nos intentions, nous sommes loin de demander aux calamités publiques des chances contraires à nos adversaires. Nous souhaitons qu'ils s'arrêtent lorsqu'il en est encore temps, qu'ils écartent de notre avenir les maux que nous prévoyons, et que leur retour à des principes plus conformes au bien public rende vaines toutes les craintes que nous avons manifestées, car lorsqu'il s'agit du malheur de la France, jamais nous n'ambitionnerons le déplorable honneur de voir les événemens réaliser nos prédictions. »

Nota. *Le passage imprimé en caractères italiques, depuis ces mots :* « Cependant l'apparence » *jusqu'à ceux-ci :* « Elle était en 1816, » *est le seul inculpé.*

(76) N° 27, *du 27 janvier* 1823.

« Il y a des argumens de position que les partis sont forcés d'employer lors même qu'ils se placent ainsi, dans la contradiction la plus ridicule avec leurs principes habituels et leur conduite antérieure. Les journaux fanatiques de ces jours derniers nous en donnent un remarquable exemple. Ils s'indignent de ce qu'aujourd'hui, que la guerre paraît infaillible, nous persistons à dire que cette guerre est impolitique et injuste. C'est se mettre, disent-ils, à côté du fusil de l'ennemi, c'est faire feu sur la patrie.

«(*) Si nous avions à combattre d'autres adversaires, nous examinerions le fond de la question. Nous chercherions si, lorsqu'une guerre est inutile et funeste, lorsqu'elle compromet la prospérité du pays et la stabilité des institutions, lorsqu'elle peut même, par l'introduction de prétendus alliés sur notre territoire, exposer son intégrité à d'incalculables périls, il n'est pas du devoir des bons citoyens de réclamer aussi long-temps et aussi haut qu'ils le peuvent contre cette guerre. Nous rappellerions que tel a été le rôle des hommes les plus recommandables de l'Angleterre, durant la lutte de cette puissance contre ses colonies, et que jamais on n'a accusé lord Chatam de trahison envers son pays, quand il déclarait le ministre qui opposait la force des armes aux justes griefs des Américains, coupable d'une forfaiture digne de l'échafaud. Nous représenterions enfin aux partisans de la guerre que, s'ils se proposent réellement le but qu'ils disent avoir en vue, et dont ils revendiquent le mérite comme un monopole, nous voulons dire celui d'affermir la maison de Bourbon sur les trônes qu'elle occupe et dans l'esprit des peuples qu'elle gouverne, rien n'est plus opposé à ce

---

(*) L'inculpation commence ici, et finit avec l'alinéa à ces mots : *couvrir de ce voile.* (**)

but que l'épithète qu'ils donnent à une guerre destructive, même avant qu'elle soit commencée, de toutes les fortunes mobiliaires et immobilières. Ils nomment une telle guerre *Bourbonnienne*. Mais quand, au moment de de la lutte européenne, les ennemis de Napoléon voulurent lui nuire dans l'opinion des Français, quel fut un de leurs moyens les plus efficaces? ce fut d'établir que Napoléon était seul la cause et l'auteur de la guerre. De la sorte, la responsabilité de tous les malheurs publics et privés pesait sur sa tête. N'est il pas absurde à ceux qui se professent Bourbonniens par excellence, d'employer le même système pour une guerre, dont le but véritable n'est nullement de servir les intérêts de la maison de Bourbon, mais bien de faire triompher d'autrés intérêts que l'on n'ose encore avouer, et que l'on trouve commode de couvrir de ce voile. (**)

» Voilà ce que nous répondrions à des adversaires avec lesquels il nous serait loisible de discuter. Mais, avec ceux que nous avons en tête, nous nous servirons d'un autre raisonnement, et nous leur demanderons depuis quand ils sont devenus si susceptibles et si délicats pour ce qui regarde l'honneur de nos armes? Pendant 31 ans ils ont appelé l'étranger chez nous; ils se sont placés à côté, ou, s'ils l'aiment mieux, derrière le fusil de l'ennemi; et, s'ils n'ont pas souvent fait feu sur la France, car nous leur accordons qu'ils se sont assez généralement abstenus de faire feu; ils ont applaudi au feu des Prussiens à Valmy, des Autrichiens à Jemmapes, des Russes à Zurich, des Anglais à Waterloo; ils nous ont calomniés dans nos succès; ils nous ont insultés dans nos revers. Quand, il y a huit ans, nos malheureux paysans s'armaient pour défendre leurs cabanes, ils écrivaient dans les mêmes journaux qu'ils remplissent aujourd'hui d'homélies prétendues patriotiques, qu'il fallait mettre au cou de ces paysans l'ordre du mérite des bandits, c'est-à-dire la corde. Pour peu qu'ils l'exigent, nous leur citerons le journal, le numéro, la date, le paragraphe; et, si nous ne le faisons pas à présent, c'est que nous voulons voir s'ils auront l'audace de le nier.

» Et tout-à-coup, parce que, consciencieusement et franchement, à l'approche d'une guerre qui nous paraît désastreuse et patente, au milieu de la chute de nos fonds publics, à l'aspect de nos ateliers paralysés, de nos ouvriers et de leurs familles que menacent de près la misère et la faim, nous élevons une voix française pour exprimer l'opinion de l'immense majorité des capitalistes, des négocians, des propriétaires, voilà que ces anciens panégyristes des cosaques nous accusent de faire feu sur notre pays, nous disent que nous sommes des nomades sans patrie, mais qu'eux seuls sont Français, et n'ont qu'une seule patrie qui leur prescrit des devoirs sacrés. Comment s'arrangeaient-ils donc avec ces devoirs, quand ils couraient au-devant de tous les drapeaux partis de la Tamise, du Don et de la Sprée?

» Qu'ils prennent la peine de répondre a cette question, nous pourrons alors entrer en lice avec eux; mais, jusqu'à ce moment, nous ne verrons dans ce qu'ils appellent l'orgueil national, que la maladroite parodie d'un sentiment qu'ils ont toujours cherché à éteindre, et leurs déclamations soi-disant patriotiques ne nous paraîtront qu'une hypocrisie dont le motif est facile à deviner.

» Quand la France faisait la guerre contre le despotisme, ils criaient : à bas la France. Ils espèrent qu'elle va faire aujourd'hui la guerre pour le despotisme, et ce n'est pas comme France, mais comme alliée de leur ancienne idole, le pouvoir absolu, qu'ils la veulent victorieuse. »

(77) N° 29, du 29 janvier 1823.

» Une affluence considérable se pressait aujourd'hui à la Bourse : on attendait avec anxiété le résultat de la séance royale. Les fonds sont tout-à-coup tombés à près de 75 fr. Les efforts multipliés que l'on a faits pour arrêter la baisse, ont fait un peu remonter le cours, qui s'est arrêté à 75. 70, c'est-à-dire, à 1 fr. 50 c. au-dessous du dernier cours d'hier. La déclaration renfermée dans le discours de la couronne a paru à tout le monde ne plus laisser de doutes sur la certitude d'une guerre prochaine. Quoique la guerre n'y soit pas positivement présentée comme inévitable, les conditions auxquelles on met le maintien de la paix, conditions déjà soumises au gouvernement espagnol et déjà énergiquement repoussées par lui, ne peuvent laisser aucune espérance raisonnable d'un dénouement pacifique. Cette confirmation officielle de toutes les alarmes conçues depuis long-temps par le commerce, a fait éprouver au crédit public, un effet qu'il était facile de prévoir. La sensation produite par la déclaration relative à l'Espagne, s'est encore augmentée par les inquiétudes que fait naître le silence gardé sur d'autres points non moins importans. Le ministère n'a jugé à propos de donner aucune explication sur la position dans laquelle la France se trouve vis-à-vis des autres puissances de l'Europe, au moment où elle va entreprendre la guerre contre l'Espagne. Ce silence a dû produire un effet pénible sur le public qui, d'après les pièces officielles publiés jusqu'ici, et les nouvelles insérées dans les journaux étrangers, croit avoir également lieu de redouter la coopération des puissances du Nord, et l'opposition d'une autre puissance dont l'immense prépondérance maritime pourrait devenir si funeste à notre commerce et à tous nos intérêts. Les nuages qui cachent encore cette partie de notre avenir seront sans doute bientôt dissipés, comme viennent de l'être les doutes que l'on aimait à conserver sur la réalité d'une guerre prochaine.

» A dater de ce jour, un autre ordre de choses naît pour la France. Elle était entrée il y a six ans dans la carrière des arts et des travaux pacifiques; ses progrès y avaient été rapides; chaque jour lui révélait un nouveau perfectionnement de l'industrie, une nouvelle source de richesses, et il n'est donné à personne d'assigner le point où son opulence et sa splendeur, toujours croissantes, devaient s'arrêter. Arrachée tout-à-coup à cette route prospère, elle va rentrer dans une carrière qui ne lui est que trop connue, et dans laquelle elle n'a plus rien à apprendre ni à ambitionner : elle a été comblée de trop de gloire militaire pour ne pas toujours rester au-dessous d'elle-même dans les nouveaux essais qu'on veut lui faire tenter. La guerre, sans pouvoir lui offrir l'ombre des triomphes qui ont brillé pour elle, peut renouveller les désastres qu'elle a déjà soufferts; il est vrai que la prévoyance ministérielle se flatte de resserrer le cercle des hostilités et croit pouvoir en asssigner le terme. Mais ce n'est point lorsqu'on s'abandonne aux chances des événemens qu'on doit se flatter de les maîtriser. Ce n'est point en commençant une guerre qu'on peut limiter le cercle de ses hasards et en indiquer la fin. C'est trop présumer de la prudence humaine. La durée de la lutte, ses chauches et ses résultats sont maintenant dans les mains de la fortune. Bientôt il n'appartiendra plus à aucun pouvoir humain de fixer des limites à l'embrasement, pas plus que de déterminer la somme des maux que la guerre peut causer à la France, et des larmes qu'elle doit couter à l'humanité. »

(78) N° 41 , *du 10 février* 1823.

« (*) *Nous sommes au moment d'une grande crise qui menace également le repos, la liberté, le commerce et la civilisation de la France et de l'Europe. Cette crise, aussi périlleuse pour les cabinets que pour les peuples, aurait pu être facilement évitée, et depuis sept années l'on a tout fait pour la rendre inévitable. Aujourd'hui, il s'agit de savoir si des glaces de la Sibérie jusqu'aux colonnes d'Hercule, il n'y aura plus qu'un mode de gouvernement dans lequel le pouvoir sera sans limites et les nations sans droits. Il s'agit de savoir si ces constitutions pour lesquelles la France a tant souffert, l'Europe a si unanimement combattu, ne sont qu'une coupable fantaisie des peuples, qn'un vain rêve de séditieux. La grande question, la question de l'époque est là tout entière. Malgré la différence qui existe entre la constitution des cortès et la Charte française, entre la charte et les droits réclamés par l'Allemagne, c'est la cause commune de la liberté qui est menacée en Espagne, c'est le gouvernement représentatif qu'on veut forcer dans son dernier asile sur le continent. L'invasion heureuse de l'Espagne serait un moyen de poursuivre ouvertement la contre-révolution en France.*

» Dans d'aussi graves circonstances, la condnite de l'Angleterre était facile à prévoir. La politique de ce pays a toujours été, depuis la révolution de 1688, de faire triompher son intérêt d'époque, et elle y a toujours réussi. Lorsqu'un peuple est pour quelque chose dans son gouvernement, les ministres sont obligés, pour se maintenir, non-seulement d'être habiles, mais de satisfaire encore le vœu national. Ainsi, après sa glorieuse révolution, l'Angleterre eut à consolider sa nouvelle dynastie, et ce fut l'œuvre de Robert Walpole. Sous le ministère de Chatam, elle eut à s'établir exclusivement dans l'Inde et à devenir la première puissance commerciale de l'univers; sous le ministère de Pitt, elle eut à dominer la mer, et à n'y laisser d'autre pavillon véritablement souverain que le sien. Après

(*) Le premier alinéa de cet article, depuis les mots : « *Nous sommes au mo-* » *ment* » jusqu'à ceux-ci : « *La contre-révolution en France* », imprimé en caractères italiques, est seul inculpé.

avoir exécuté ces entreprises, que je n'appelle pas toutes justes, mais que je dis toutes nationales, libre chez elle, maîtresse de l'Inde, modératrice sur mer, arrivée au dernier degré de puissance et de richesse, que lui restait-il à faire? Tout ce qu'elle avait désiré, elle l'avait obtenu, tout ce qu'elle avait entrepris, elle l'avait conduit à bien. Il ne lui restait qu'à garder ses avantages, et à pourvoir à l'avenir pour ne pas les exposer ou les perdre. C'était là la mission de lord Castelereagh, qui n'a pas pu ou n'a pas voulu la remplir; qui en abandonnant les peuples dont l'Angleterre avait tout à espérer, et en secondant les desseins des cabinets absolus dont elle avait tout à craindre, a affaibli ses alliés naturels, et a contribué à l'accroissement d'une suprématie nouvelle et formidable pour son pays.

» Cette conduite imprévoyante, en contradiction avec l'intérêt de la Grande-Bretagne et celui du monde civilisé, aurait fini par remettre en question tout le passé même de l'Angleterre, si elle eût duré davantage. L'*établissement européen* qui n'avait pas empêché la domination exclusive des grandes puissances, était une véritable faute; mais la neutralité, à l'égard des révolutions, qui favorisait l'accroissement de ces mêmes puissances, était une erreur plus grave encore; aussi le ministre a désespéré de sa position, et il a reculé devant l'avenir dans lequel il précipitait son pays. Un homme habile et sans engagement avec la politique précédente, lui a succédé. Le système du gouvernement devait changer avec le directeur du conseil, et les événemens qui depuis peu sont allés si vite, ont donné quelque chose de brusque à ce changement. Le nouveau ministère a adopté une politique plus utile à l'Angleterre et plus conforme à la morale et à la liberté des nations. Il n'a pas abandonné l'Espagne comme son prédécesseur avait abandonné l'Italie, il s'est opposé à la Russie à laquelle son prédécesseur semblait avoir livré l'Europe. Les efforts qu'il a faits dans le congrès de Vérone pour combattre l'intervention, auprès de notre ministère pour maintenir la paix; il paraît résolu à les continuer, si l'intervention s'exécute, si la guerre se déclare. On a pu croire jusqu'à présent que le gouvernement britanique resterait neutre, parce qu'il l'avait été jusque-là; mais aujourd'hui il n'y a plus de doute sur sa coopération à la lutte qui se prépare. Il s'est expliqué en présence de sa nation, et il s'est en quelque sorte engagé envers elle. On savait ce que sa position exigeait de lui; mais on ignorait ce qu'il avait résolu d'entreprendre.

» La discussion qui a eu lieu dans le parlement, et surtout le discours de lord Liverpool ont fait éclater le vœu national avec une surprenante unanimité. Jamais il n'y a eu tant d'accord en Angleterre, et jamais ministère ne s'est plus clairement exprimé. Si le discours de la couronne n'a indiqué aucune résolution, et si l'adresse des deux chambres a été aussi peu significative que le discours du roi, « C'est qu'il fallait, a dit Liverpool, con-
» server une position dans laquelle on pouvait détourner le mal imminent
» et prévenir l'occurence d'hostilités effectives. Dans cet état de choses,
» l'emploi d'un langage plus fort dans le discours du roi, ou dans l'adres-
» se, aurait été peu sage. C'eut été renoncer à l'avantage d'une médiation
» dont on peut encore tirer un grand parti, car d'après tout ce qui s'est
» passé, la porte n'est pas absolument fermée à tous arrangemens à l'a-
» miable. »

» Mais si la médiation est sans résultat, la manière dont lord Liverpool s'explique sur l'importance et les suites de la guerre d'Espagne fait assez connaître le rôle que l'Angleterre y jouera. Après avoir dit que rien ne justifie une intervention étrangère à l'égard de la Péninsule : « Je sens, » ajoute-t-il, tous les effets probables de la guerre, non sur l'Espagne seule, » mais sur la France ; non sur la France seule, mais sur l'Europe entière : » car quelque fortement que je redoute et que je blâme la guerre, je n'hésite » pas à dire que je la redoute et la blâme encore plus en ce qui touche aux in- » térêts de la France, et par la France, à ceux de l'Europe.» Enfin il ajou- te : « Que si la guerre paraît nécessaire au maintien de l'honneur anglais, » l'Angleterre est en état de la soutenir. »

» Dans cette mémorable séance, tous les partis se sont entendus, tous les votes se sont réunis, l'opposition a soutenu le ministère, le ministère a promis ce que demande l'opposition. « Je me joindrai de bon cœur à tout » ministre, a dit M. Brougham, qui voudra parler un langage vraiment » anglais, suivre une politique vraiment anglaise, regarder les états libres » comme nos alliés naturels contre tout ennemi possible, ne quereller au- » cun état à cause de la forme de son gouvernement, maintenir la paix » en nous tenant préparés pour la guerre, ne pas être effrayés de son is- » sue, mais nous résoudre avec calme à braver tous les hasards, à faire » tous les sacrifices pour maintenir la dignité de la couronne, l'indépen- » dance de notre pays, et tous les principes reconnus avantageux et sacrés » par les nations civilisées. »

» J'ai cité les paroles de M. Brougham et celles de lord Liverpool, parce qu'elles ne laissent aucune incertitude sur les sentimens de l'Angleterre et sur les projets de son gouvernement. Au point d'exaltation où se trouvent les esprits, et de crainte générale sur l'asservissement du continent, et la domination russe, il serait impossible au ministère britannique d'ajourner des résolutions décisives. N'y fût-il pas porté de lui-même, la nation serait plus forte que le pouvoir, et il faudrait que ceux qui l'occupent obéissent ou fussent changés ; mais ils paraissent comprendre les dangers de l'Europe et ceux de leur propre pays, et ils se montrent disposés à les éloigner ou à les vaincre. Un état vraiment libre a cet avantage, il permet à une nation de vouloir son intérêt, et force le gouvernement à la satisfaire.

» Ainsi, dans le cas de la guerre, nous aurions non-seulement l'Espa- gne à combattre, l'Espagne passionnée pour son indépendance, protégée par ses montagnes et par son infatigable opiniâtreté, pour laquelle l'étran- ger c'est toujours l'ennemi, et qui aujourd'hui, moins que jamais, est dis- posée à donner un démenti à toute son histoire ; mais nous aurions à com- battre encore l'Angleterre. On ne saurait trop le dire, parce que les hostili- tés n'ont pas encore été déclarées, parce qu'il serait de la plus haute im- portance qu'elles pussent être empêchées par les inconvéniens et les périls sans nombre qui les accompagneraient ; la mer serait fermée, l'industrie perdue, l'agriculture en souffrance.

» Ces inconvéniens et ces malheurs ne sont pas les seuls. Du côté de l'Espagne, il y en a de plus grands encore. Victorieux, nous ne pouvons l'être qu'un moment ; vaincus, Dieu sait ce qui résulterait d'une défaite. Il ne faut pas hésiter à dire la vérité, lorsqu'elle peut encore être utile. Qu'on se souvienne de ce que fut pour l'Europe l'attaque de notre révolution; qu'on se souvienne de toutes les capitales envahies, et des peuples passant du repos sous les gouvernemens absolus, au besoin et à la poursuite de la liberté. Les révolutions sont un ressort qui, replié sur lui-même, se détend avec une violence funeste à ceux qui le pressent. Enfin, comme si ce n'était pas assez de toutes ces chances désastreuses, la guerre nous expose à voir les étrangers fouler encore notre sol, et mettrait de nouveau l'Europe à la merci des événemens. »

(79) N° 49, *du 18 février* 1823.

L'article inculpé ici, l'est déjà tout entier à la première partie du réquisitoire. Voyez plus haut le réquisitoire page 8, et le renvoi (9) page 49.

(80) N° 51, *du 20 février* 1823.

« Si l'on en croit la *Quotidienne*, « plusieurs députés se sont réunis pour
» proposer à la chambre un réglement qui aurait pour objet d'éviter à
» l'avenir les scènes scandaleuses qui ont eu lieu dans les dernières séan-
» ces. » Nous ignorons si ce projet existe réellement, ou si la *Quotidienne*
en suppose l'existence, afin d'en donner l'idée à quelques-uns des députés
qui partagent ses opinions. Dans tous les cas, il serait aussi impossible de
trouver un fondement raisonnable à une pareille proposition, qu'il serait
facile au public d'en pénétrer les motifs et le but véritables. S'il y a eu des
scènes scandaleuses, comme le dit la *Quotidienne*, dans les dernières
séances de la chambre, le scandale n'a point été occasionné par les discours tenus à la tribune, mais par la résolution qui semblait prise d'avance
de ne point écouter ces discours. Quand M. Girardin a voulu éclaircir des
faits qui intéressaient la bonne foi d'un membre de la chambre et d'un magistrat que deux départemens, trompés par des titres non admissibles,
avaient appelé à y siéger, non-seulement il n'appelait point le scandale,
mais il cherchait à le repousser. Il importe à l'honneur de la chambre,
comme à celui de la magistrature, que la loyauté, la bonne foi d'un député
et d'un magistrat ne puissent jamais être soupçonnées; et M. Girardin, en
leur fournissant l'occasion de dissiper des doutes que les apparences sem-
blaient justifier, faisait un acte plein de convenance et de moralité auquel
la chambre devait applaudir. Le scandale n'a commencé que lorsqu'une
partie des auditeurs a refusé d'entendre M. Girardin, et a semblé craindre
des explications qu'il était de son devoir de provoquer. Les interruptions
qui ont empêché M. Girardin de s'expliquer n'ont nui, dans la réalité,
qu'aux deux personnes que les explications concernaient. S'il y a eu du
scandale pour le public, il ne résulte point du discours de M. Girardin,
mais du voile dont on a paru s'empresser de couvrir des irrégularités
électorales sur lesquelles on devait appeler la plus grande publicité, afin,

si elles étaient constatées, d'en prévenir le retour; et, dans le cas contraire, afin de rendre une justice éclatante à ceux qui paraissaient les avoir
favorisées sciemment.

» Nous pensons donc, et le public a pensé comme nous, que tout (*) le
désordre est venu des interrupteurs ; et comme vraisemblablement la proposition mentionnée par la *Quotidienne* sortirait de leurs rangs, ils auraient mauvaise grâce de se plaindre d'un scandale causé par eux-mêmes,
et le seul réglement raisonnable qu'il leur fût possible de proposer, serait
qu'à l'avenir la majorité laissât parler les orateurs de la minorité. Mais tel
n'est point, à coup sûr, le but de la proposition indiquée par la *Quoti-*
dienne, et quelque prix que son parti attache à diriger en maître les élections, ce n'est point la dénonciation de quelques supercheries électorales
qui l'engage à solliciter des dispositions en vertu desquelles il pourrait
imposer silence aux orateurs de l'opposition. Ce ne sont pas les discours
passés qu'on veut punir, ce sont les discours futurs qu'on veut prévenir ;
ce ne sont point les questions électorales qu'on voudrait étouffer, mais
bien les questions que pourra faire naître la guerre qui se prépare. On
prévoit bien qu'avant de voter un crédit extraordinaire de cent millions ,
les députés, qui savent combien peu la France est en état de supporter de
nouveaux sacrifices, voudront savoir en quoi consiste la nécessité de ces
sacrifices, leur utilité, leur opportunité; et comme on compte peu sur la
solidité des raisons qu'on peut leur donner, le parti qui veut la guerre songe
déjà à éviter une publicité pour laquelle il a en tout temps manifesté son
aversion. Telles sont, n'en doutons pas, les vues de la *Quotidienne*, lorsqu'elle sollicite de nouvelles entraves à la liberté des discussions. Mais se
trouvera-t-il dans la chambre, des hommes qui veulent prendre sur eux
une telle proposition; qui, sous le prétexte hypocrite et bannal de prévenir
le scandale, demandent qu'on étouffe la voix des députés au moment même
où ils vont avoir à prononcer sur la question la plus importante, la plus
capitale qui ait encore été soumise à leurs délibérations ? Nous avons peine
à le croire. Indépendamment de ce que cette proposition aurait de contraire
à la Charte et à la forme du gouvernement qui doit nous régir, elle serait
encore souverainement impolitique et maladroite. Ne confirmerait-elle pas
de prime abord toutes les craintes que la nation a éprouvées sur le but réel
de la guerre d'Espagne ? Ne serait-ce pas déclarer implicitement que cette
guerre dont la liberté de Ferdinand est le prétexte, est dans la réalité
dirigée contre le système constitutionnel, contre les libertés publiques de
tous les pays ? La *Quotidienne* n'a point réfléchi sans doute aux conséquences de la proposition qu'elle semble provoquer. L'esprit de parti l'a
entraînée , et elle n'a point senti tout ce qu'il y aurait d'inconvéniens à
révéler à la France, que plus on aura de sacrifices à lui demander, plus
on se croira obligé de lui ôter de liberté. Si le premier crédit extraordinaire de cent millions lui coûtait la liberté de la tribune, qui pourrait
dire où cette progression s'arrêterait, quand de nouveaux crédits deviendraient nécessaires ? »

(*) L'inculpation commence ici, jusqu'à la fin de l'article.

(81) N° 62, *du 5 mars 1823.*

» Lorsqu'un parti triomphe, il marche d'abord à son but avec la loi, et il finit par y marcher malgré la loi. Pour lui, arriver au terme de sa passion, c'est se conserver ; interdire la contradiction, c'est empêcher le scandale : il ne veut être ni averti, ni être arrêté, et ceux qui ont le courage de le faire, deviennent l'objet de ses attaques, les victimes de ses ressentimens. Les partis chez nous et ailleurs n'ont que trop donné cet exemple ; puissent-ils ne pas le donner encore ! Nous sommes dans un de ces momens où il va se décider si la passion l'emportera sur la justice, et si l'on passera du régime du droit au régime du fait. Tout le gouvernement représentatif réside dans la question que la chambre agite et à laquelle le discours de M. Manuel a donné lieu. M. Manuel est loin d'avoir mésusé de la tribune ; mais, l'eût-il fait, il est hors des pouvoirs d'une chambre de punir, des écarts même, par une exclusion. S'attribuer ce droit, c'est manquer à la Charte, c'est se mettre au dessus et de la loi en vertu de laquelle on existe et du pouvoir électoral qui lui-même ne peut défaire ce qu'il a fait, qu'en ne le renouvelant pas par un nouveau choix.

» Nous sommes tous ici pour notre droit, M. Manuel comme député, les colléges comme puissance électorale indépendante de tout contrôle, nous, comme français régis par une loi, laquelle, si M. Manuel était exclus, si le droit électoral était soumis à la révision de la chambre, serait dès ce moment détruite. Les députés ne siégent pas à la chambre pour eux, mais pour autrui ; ils n'y sont pas pour s'y trouver bien et pour y entendre ce qui leur plaît, mais pour s'y trouver à côté de ceux que la nation y envoie, et pour y entendre tout ce que la nation a voulu qu'ils disent en les envoyant. Comme électeurs, les colléges sont souverains ; la Charte les a reconnus tels, et aucun corps, sous aucun prétexte, ni de mécontentement, ni de juridiction, ne peut entrer en partage de leurs attributions ; car, qu'on le remarque, en matière d'élections, défaire c'est faire, et la chambre formée par un autre pouvoir, usurperait en excluant ses membres, le droit de se composer elle-même. Tout serait confondu, tout serait violé ; nous tomberions sous un gouvernement de fait qui pourrait tout ce qu'il oserait. La chambre mérite notre respect, mais la loi le mérite encore davantage, car c'est par la loi que la chambre existe ; et si elle existait sans la loi, elle pourrait nous imposer l'obéissance, mais nous ne la lui devrions pas (*).

» La Charte a déterminé les conditions, l'exercice et les effets du pouvoir électoral ; c'est un droit cédé et circonscrit qui ne peut être ni retiré ni étendu. En France, l'autorité constituante, depuis la Charte, ne peut plus exister ; avant que la constitution fut donnée, il était permis de débattre la question de son origine et la faire venir de la terre par le droit national, ou la faire descendre du ciel par le droit divin. Mais aujourd'hui, elle n'est plus une question, elle est un fait, auquel, sous peine de rebellion, on ne

(*) L'inculpation s'arrête ici.

peut pas se soustraire ; le droit électoral, fixé par la constitution, ne pourrait pas même être changé par les trois membres du pouvoir législatif, par le roi, par la chambre des pairs et la chambre des députés réunis. Ils ne pourraient s'attribuer aujourd'hui une participation au pouvoir électoral par un contrôle de ses choix ou par un jugement de ses envoyés ; ils ne le pourraient pas, et la raison en est toute simple. S'ils renversaient la constitution en ce point, ils auraient la faculté de la renverser en tous les autres. Un parti, en obtenant la majorité dans la chambre élective, aurait par la majorité le ministère ; par le ministère, les pairs dont il ferait augmenter le nombre, et avec les trois consentemens nécessaires pour former la loi, il pourrait législativement annuler la constitution. Si ce parti était démagogique, on reverrait une convention ; et s'il était enclin au pouvoir absolu, on reverrait l'exemple de cette assemblée de Danemarck, qui abdiqua les droits nationaux et décréta le despotisme.

» Ce que le roi, la chambre des pairs et la chambre des députés réunis, n'ont pas le droit de faire, la chambre des députés seule en aurait-elle le droit ? aurait-elle le droit de détruire une disposition fondamentale et sacrée ? aurait-elle le droit de la violer en méconnaissant en outre et l'initiative, et la sanction royale, et le concours de la chambre haute ? En même temps, elle détruirait la constitution par une loi, et elle ferait une loi sans la couronne et sans la pairie : et qu'on ne dise point que c'est là un jugement et non une loi, et que la chambre agit ici comme tribunal et non comme députation. Qu'importent les mots, lorsque les conséquences sont les mêmes, lorsqu'il y a également attentat à la Charte, ou par un acte appelé juridiction, ou par un acte appelé loi ; la chambre n'a que la faculté d'agir législativement avec le roi et les pairs sur les matières générales, ou celle d'agir judiciairement sur ses membres avec les peines de discipline portées dans son réglement. Pour l'exclusion, elle ne peut agir d'aucune manière, parce que le droit de député ne relève ni d'une chambre ni d'un tribunal, mais des colléges seuls. Aussi, la question n'est point dans la rétroactivité et dans la jurisprudence, mais dans la Charte.

» Lorsque la convention commença à se décimer elle-même, ce ne fut point au nom du droit qu'elle le fit, mais au nom de la force. Elle se proclama gouvernement révolutionnaire, et elle n'eut pas la prétention d'agir comme un gouvernement régulier. Une assemblée dont la conduite fut vraiment légale, fut l'assemblée constituante. Investie d'une immense autorité, elle n'en demeura pas moins retenue, elle n'oublia jamais que ceux qui l'avaient envoyée étaient au-dessus d'elle. Un jour, l'abbé Maury insulta nommément ses adversaires. Quelques membres demandaient son expulsion ; Mirabeau, outragé et tout-puissant, protégea son antagoniste de son éloquence, et il obtint, de la raison de l'assemblée, que l'abbé Maury serait maintenu dans son sein, parce qu'il ne lui appartenait pas de l'en exclure.

» Mais était-ce le cas d'agiter cette question, et la phrase de M. Manuel devait-elle exciter un pareil soulèvement ? Les partis qui triomphent commencent toujours leur tyrannie par interdire la citation de certains faits. Bientôt, si on le souffre, il ne faut plus faire allusion à leur conduite, à leurs projets, à leurs espérances ; et leur présenter, dans l'histoire, des événe-mens désastreux, mais instructifs, c'est être coupable. On ne cherche plus alors ce qu'il faut dire, mais ce qu'il faut taire. Cependant quelle est cette étrange susceptibilité qui nous empêcherait de prononcer à haute voix des choses que tout le monde sait, que tout le monde lit, que chacun s'expli-que ; quelle est cette susceptibilité qui nous fermerait le passé et ses mal-heurs et ses leçons ? M. Manuel, en rappelant la mort de l'infortuné Louis XVI, pour éviter une catastrophe semblable que pourraient amener de semblables imprudences, n'a-t-il pas rempli un grand devoir ? Il n'a pas déclamé sur ce terrible événement, mais il a mieux fait, il en a montré les causes ; et certes il était loin d'approuver chez nous le malheur qu'il s'ef-forçait de prévenir dans la Péninsule. L'homme de la chambre qu'on a accusé d'être le plus inconvenant parce qu'il disait le plus de vérités, a cependant observé toutes les lois de la décence et respecté toutes les infor-tunes. Pourquoi donc M. Manuel, dont les paroles sont si inattaquables, a-t-il été l'objet d'un pareil déchaînement ? C'est parce qu'il s'est montré véridique, courageux et éloquent, et qu'il est des hommes qui craignent la vérité, le courage et l'éloquence. »

FIN.